陶都 新生

宜兴丁蜀城市更新实践

群岛 ARCHIPELAGO　编著

東華大學 出版社
·上海·

前言

江苏省宜兴市被誉为中国陶都，而隶属于宜兴的丁蜀镇则因其历史悠久的紫砂而被称作"陶都之都"。丁蜀镇的城市空间与紫砂产业的发展有着紧密的联系。用于紫砂制作的紫砂泥主要产于丁蜀镇的黄龙山一带，由于开矿、运输储藏、烧窑制作以及工艺品制作等业态的聚集，逐渐形成丁蜀的城镇聚落，遍布于镇上的古窑遗址，依山脚而形成的古街，甚至是被停止开采后形成的山池地貌构成了丁蜀独有的城市形态特征。更特殊的是聚居在丁蜀镇的人们，当地大多数居民的生活都与陶土开采或紫砂器制作相关，甚至每年还有出于对紫砂的热爱而移居到此的年轻人，这种传统产业与社会生活密切交融的状态是丁蜀所特有的文化特征。

虽然如此，单一的产业结构也隐藏了拖延城市发展的问题，丁蜀与许多历史城区面临着新建开发的挑战，老城区复杂的产权状态与高密度的城市形态肌理使得常规的拆迁方式在这里很难发挥作用。因此，梳理与建立既可以延续原有城市文化价值又可以释放产业发展动力的空间架构，是丁蜀镇再生的重要目标之一。

丁蜀人很早就开始研究历史城区的发展问题。从两千年初开始，就邀请东南大学建筑学院的专家与教授持续为丁蜀镇的发展献计献策。近年来，更是在东南大学王建国院士、陈薇教授等团队的指导和合作下，持续依托紫砂文化特色，利用紫砂历史遗存、自然生态资源、紫砂创作人才等优势，积极探索发展文化创意产业、文化旅游产业等，尝试利用城市再生的方法来解决历史城区产业结构单一与城市现代化发展之间的矛盾。

丁蜀镇近二十年的城市更新实践为这个紫砂老镇带来了巨大的发展机遇，"宜居宜业"的老镇也赢得了不断增长的社会关注度。本书正是想通过对这一历程的简要回顾，为全国其他的特色小镇及城市发展提供一份参考答案。●

序言

王建国

中国工程院院士，东南大学建筑学院教授

小城镇，是中国政权体系中最基层的行政机构，承担着管理辖区内（乡村）各项政治、经济、文化和社会事务的职能，在国家经济社会发展中发挥着基础性作用。星罗密布的小城镇聚落是世界地域人居环境特色体现、表达和持续成长的主要载体。小城镇及其人居环境，与特定的地域气候条件、地形地貌、聚落生活方式和乡土文化传统息息相关，是建筑学、城乡规划学、风景园林学以及地理学、人类学、民俗学等学科的主要研究客体。

相比城市和广大乡村，中国小城镇的建设与发展一直未得到足够的重视。伴随乡镇现代化的进程和乡镇企业的急剧扩张，小城镇面临着历史风貌特色衰微、街巷肌理空间断裂、文化习俗传承缺失等突出风险。随着中国城市化进程逐渐进入"下半场"，县域及小城镇如何健康发展引发了从中央到地方等各方面的关注。近年来，中国一些历史文化遗存较为丰厚的小城镇开始了保护与发展协同建设和发展的新探索。其中，作为"中国陶都"的宜兴市丁蜀镇近二十年来在建筑遗产保护与城市更新方面取得的建设成就值得特别关注。

丁蜀镇历史文化遗存丰富，尤以古南街为代表。古南街是江苏省第一批历史文化街区，其范围包含蜀山局部、南街、西街和东街，其中的蜀山龙窑窑址为全国重点文物保护单位。古南街东依蜀山，西临蠡河，背山面水，地形高低错落，整个街区呈现"河绕山转、街随山走、河街并行"的空间格局和"水—房—街—房—山"的典型剖面关系，是宜兴现存最为完整的明清古街道。

以古南街为代表的历史文化街区是中国重要的城镇建筑遗产类型之一，与各类法定的文物保护建筑有所不同，历史街区通常拥有众多各类非法定的历史建筑，并具有从街区到建筑多尺度连续的形态肌理和风貌特质。这些城镇历史街区不仅具有较高的历史文化价值，而且今天大多数并未凝冻固化，仍在生活生产等职能的使用中，是中华优秀建筑文化绵延生长的活态见证。

丁蜀古南街和中国其他城市中的历史街区一样，曾经面临着快速城镇化的巨大压力，并持续存在拆旧建新及为文旅发展将居民整体搬迁安置的严峻挑战。同时，在技术层面，针对性的规范标准和规划改造提升技术的欠缺制约了对传统城镇历史街区进行有效的保护和再利用。因此，针对历史街区的具体特点，有必要对其进行功能提升和适应性保护利用的研究和实践探索。

为此，东南大学设计团队受邀在丁蜀镇开展了 20 年的持续研究。2004年和 2011 年，陈薇教授曾二度主持完成"宜兴蜀山古南街历史文化街区保护规划"。该规划明确了将山水形态、紫砂文化融于历史街区、历史建筑和形态架构的载体中的规划策略；明确了保护山水环境格局、街巷系统的空间格局以及山水空间格局的规划理念。同时，针对作为生产和贸易场所的紫砂陶器行、反映紫砂发展历史过程的北厂和名人故居等紫砂文化遗产，进行了建筑分级保护和分类整治等规划。经历近10年的调查研究和保护规划是古南街整治和改善的开端。

国家"十二五"发展期间，结合科技部课题，东南大学团队将研发的系列创新技术应用于古南街的保护、整治和改造，同时根据不同的街道段落采用了分类指导的规划设计方法。在丁蜀镇政府和当地居民的共同参与下，东南大学设计团队先后完成了"蜀山古南街旅游与功能策划""蜀山古南街历史文化街区建筑立面整治与风貌提升""宜兴蜀山古南街管网改造工程"等具体实施导则与设计方案。2012—2019年，设计团队对街区内的诸多节点进行了建筑/景观一体化改造设计。

一系列正向健康和科技引领的保护与更新行动复兴了古南街的社区活力，保住了街巷建筑风貌的整体性，大多数原住民在改造更新后仍然选择留在古南街生活，并成为传承当地文化习俗和紫砂艺术的主体人群。古南街的活态再生受到了社会各界的广泛关注并得到高度评价，符合当前世界范围内建筑遗产保护和再利用前沿发展的国际潮流，具有重要的学术价值和实践意义。

从古南街的保护更新开始，丁蜀镇又启动了一系列的城市改造计划，均是紧紧依托自身的历史文化禀赋，走出了一条极具自身特色的历史文化名镇保护与发展之路。古南街乃至整个丁蜀镇的演变是宜兴紫砂文化发展的一个缩影。古南街的民居建筑大多数属于私房，尚有大量原住民生活其中，因此，此类历史街区不可采用一体化整治或大面积拆建的改造方式。城市更新过程坚持小规模、渐进式的改造和创作理念，贯彻原真性、完整性和适应性活态利用相结合的原则，首选公房和关键节点作为古南街风貌保护与提升的示范工程，同时通过导则引导、菜单式构件展陈和听证会，让居民了解保护与改造的细节。街区基础设施的一系列建设改变了古南街的面貌的同时，也改善了居民的生活环境质量，激发了居民的热情并提高了他们的审美素养，也因此带动了居民自发有序地开展自有房屋的修缮工作。如今，满血复活的古南街已成为宜兴最有吸引力的蜀山陶集的所在地，更重要的是，大量的迁出户不断回流，紫砂生产与日常生活相结合的古南街风貌的活态延续令人欣慰。

丁蜀镇近二十年来的一系列城市更新实践，值得总结的经验主要包括：第一，政府主导、设计引领、财政补贴、导则和样板先行；第二，"自上而下"和"自下而上"结合，设计师与乡民共同完善图纸，共商选材和施工方式，共同营造在地性场所；第三，科技进步支撑包括性能化保护规划、"联体—共生"结构安全保障、机电一体化以及物理环境改善技术等。其中，精准靶向的性能提升和适应性保护利用是其重点，即所谓的"一花一世界"。

丁蜀的城市更新实践取得了显著的综合效益。在经济效益上，避免了大拆大建带来的浪费，强调技术的适宜性和合理性；在社会效益上，有助于保护街区风貌，彰显其内在历史文化价值，稳定原住民并为合理开发利用奠定基础。小规模的渐进整治和改造的"丁蜀模式"规避了当前我国对于传统古建聚落普遍采用的大规模、商业化改造存在的突出问题，具有历史文化传承、科技进步引领、财政投入可控、符合居民需求和实施运维可持续等明显优势，适合错综复杂的历史街区活态的社会现状，在中国具有普适性的示范价值和意义。●

目录

第一章 [遇见丁蜀]   **13**

01   溪山如画

宜兴双城   15

半山半水   17

陶土矿藏   19

产城相依   21

02   陶都之都

千年陶史   25

五朵金花   28

产业矩阵   31

03   古镇明珠

文化遗址   33

历史街区   35

建筑古迹   36

非遗传承   38

第二章 [古镇实践]   **43**

01   以保为始 规划先行

——2003—2010年随着历史文化名城申报而进行的保护规划   45

蜀山古南街历史文化街区保护规划   53

02   以点切入 成果初现

——2011—2016年蜀山古南街保护更新实践   57

传统古建聚落适应性保护及利用关键技术研究与示范   63

张家老宅改造   67

蜀山展示馆   73

得义楼茶馆   79

曼生廊和T字房   85

古南街改造更新中的三个案例   93

03   连点成线　万坊兴城
——2017—2022年的特色小镇的全面建设   107
蜀山片区城市再生规划   113
青龙河片区城市再生规划   117
黄龙山片区城市再生规划   121
前墅龙窑展示馆   125
青龙山公园多功能馆   131
乡镇公共空间的再生——丁蜀新时代文明中心改造   137
丁蜀成校   141
莲花荡茶室   147
春园   153
丁山历史街区更新   159
边庄小区及口袋公园改造工程   165
丁山路道路提升设计   171

第三章　[何以再生]   175

01   推动者说
城市再生的培育过程需要一些耐心——伍震球访谈   177
生活是一条河——宜兴丁蜀古南街保护二十年思考 | 陈薇   185
我们的诀窍就是走到群众中去，听群众的声音——苍盛访谈   191
我特别感激之前的历练，我和这个城市都获得了成长——储诚亮访谈   198

02   古镇是我家
西街烟火，徜徉恣肆怀无忌——方兵自述   205
在这里，我找到了自己喜欢的生活方式——汤志勇访谈   212
只有百家齐放、百家争鸣，才能把陶都的地方本性体现出来——鲍鲲鹏访谈   218

03   丁蜀圆桌论坛
研讨：丁蜀实践20年   227
水岸云梯，山河之间转了折 | 沈旸   249
丁蜀实践——从小城镇的烟火气中娓娓道来——唐芃访谈   258
丁蜀是一个值得建筑师深耕的地方——张旭访谈   266
从产业维度出发的再生规划——沈旸、金戈访谈   274

附录

陶式生活游览地图   280
陶式生活目的地   282

第一章

[遇见丁蜀]

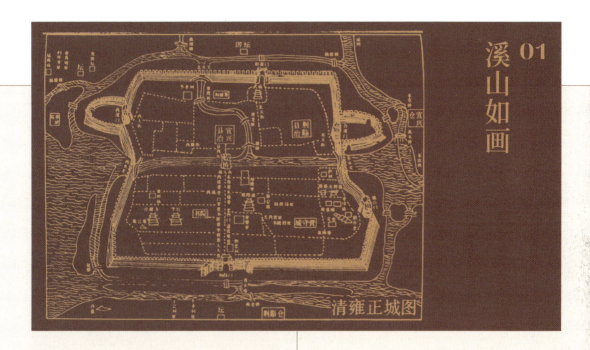

清雍正城图

溪山如画 01

宜兴双城

　　丁蜀镇隶属于江苏省无锡市宜兴市，位于长江三角洲经济开发区，镇区所在地以得天独厚的陶土资源以及石灰岩、煤炭等最为丰富。借此，丁蜀成为著名的陶瓷之乡，尤以紫砂闻名天下。

　　丁蜀境内山隽水秀，环境优美，东部的太湖平原，湖泊密布，为富饶的鱼米之乡；西南山区系天目山余脉，山峦叠嶂，资源丰富。丁蜀镇面积192.18平方千米，其中城区建成面积32平方公里，人口20.29万人（2017年），占宜兴市的五分之一。城区围绕丁山、蜀山、台山等自然山体和画溪、蠡河等河流栉比而建，山环水绕，一派水乡风貌，至今，其"背山面水、三镇鼎立"的空间格局十分明晰。

　　宜兴境内的骆驼墩遗址表明，宜兴已有万年开发史和7000年制陶史。公元前223年，秦始皇在此设阳羡县，宜兴成为中国建置最早的县份之一。三国时期，吴主孙权任阳羡令，末帝孙皓封境内离墨山为国山，并迁阳羡城至今址。西晋时期，宜兴涌现了因除三害而至今广为人知的平西将军周处，朝廷为表彰其子周玘（周处之子）三兴义兵，设义兴郡于阳羡，下辖七县，境跨今苏、浙、皖三省，开始了直到隋初的郡治鼎盛期。隋至清代，宜兴长期是常州府辖县，唐曾一度改隶润州，宋时因避太宗赵匡义名讳改"义兴"为宜兴并沿用至今，元曾一度升其为宜兴府。

　　宜兴自秦立县，明代以前，宜城是全县唯一的中心。位于宜城以南的丁山、蜀山地区仍是以农业为主、兼事制陶的自然村落。

明代匠户体制解体、资本主义萌芽产生后，由于青龙山、黄龙山和蜀山的陶瓷矿藏以及画溪、蠡河的运输便利，加之明代文人士大夫对紫砂陶的情有独钟，作为紫砂陶唯一产地的宜兴，其陶业生产、销售勃然兴起，并集中至资源最为丰富的丁蜀一带。蜀山、丁山、汤渡等自然小集镇迅速发展，"商贾贸易塺市，山村宛如都会"，成为万家烟火的繁华市镇。从此，手工业商业中心丁蜀与行政文化中心宜城分离，双城结构雏形始现。

近代民族工商业的发展，特别是1917年江苏省实业厅在蜀山设立江苏省陶业工厂后，丁蜀成为近代陶瓷工业区，产品出口销路之广，几与景德镇瓷相抗衡。特别是1931年京杭公路的通车，使得靠近京杭公路的丁山得到迅速拓展，并与白岩、蠡墅趋于融合，形成丁山、蜀山、汤渡三大集镇鼎立的格局，丁蜀发展成为宜兴近代工业和经济中心，基本实现城镇化，电力等市政事业和仍为行政、文化中心的宜城得到同等发展。

新中国成立以后，政府重建丁蜀大桥连接丁山、蜀山两地，并将三镇合并为丁蜀镇，陶瓷工业也由分散的手工业向国有现代企业转型，丁蜀成为中国唯一的综合性陶瓷工业基地。工业用地以青龙山、黄龙山周边为中心，沿白宕河（含新开河）、丁山大河、画溪河两岸以及宁杭公路两侧扩张，丁山、蜀山、汤渡逐渐融合成片，基

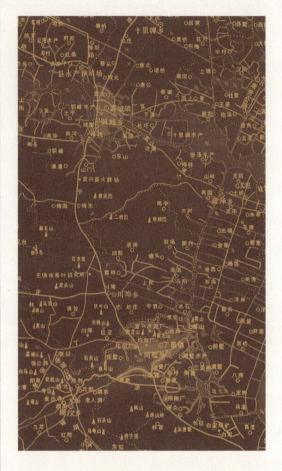

本形成了今日丁蜀"中国陶都"的格局架构。

1950年代，宜兴是中国六大陶瓷产区之一，现代陶瓷工业布局带动城市扩张，至1980年代初期，丁蜀已是宜兴工业、经济乃至文化中心，其用地、人口、经济规模和城市建设均已超过作为行政中心的宜城，二者分工合作、紧密联系的"双城"格局完全形成。1988年，宜兴市撤县设市，国务院明确将丁蜀纳入市区范围，标志着"双城"格局正式得到确认。

不同于作为行政文化中心的宜城，作为手工业和商业中心的丁蜀的城镇空间演进具有很强的资源依赖性，是以山为核，以水为轴的自然生长过程。具体而言，由于丁山、蜀山、青龙山、黄龙山、台山具有丰富的陶土、紫砂、石灰矿藏资源，加之附近有画溪、蠡河、白宕河提供的运输河道，制陶作坊以山体为核心设置，从业人员及其家族绕坊而居，逐步形成最早的村落。这些村落的选址往往背靠山体，面向河道，其选址和布局天然地符合背山面水、负阴抱阳的风水理论，并具有十分显著的生产便利和合理性。随着陶业生产和贸易的不断发展，这些聚落也逐渐沿主要运道画溪、蠡河线状展开，并最终连为一个整体。

半山半水

从地形地貌上看，丁蜀镇处在浙江北部的天目山、莫干山向北延伸的余脉和长江三角洲的交界地带。境内既多山，又富水。山岭重叠，河道纵横，山水相依，景色迷人。

丁蜀镇是典型的山水城市，其城市的基本特点可以用"半山半水，山环水绕"来概括。丁蜀镇的山水环境大约形成于亿年之前的地壳运动时期，那时候丁蜀以南地带，是属于滨海的湖泊环境，是个广阔的凹陷区。气候比较炎热，氧化作用很强，在湖盆里沉积了质地细腻的黏土泥岩和粉砂质泥岩，夹杂在砂岩、砂页岩和煤系地层中。后期中生代的印支和燕山运动，使厚厚的沉积地层褶曲隆起，成为今天的丘陵山地。

丁蜀镇山体的分布有着自己的特点。镇区南部分布着海拔最高的山体，如均山、楚山，成为城镇南部的天然边界；西有象牙山、石灰山；北部分布着青龙山、黄龙山，为后来陶业中心的形成奠定了基础；东北分布着蜀山，濒临蠡河，成为城镇的天然门户；镇区中心有较小的丘陵：丁山、台山、茅庵山等。这些山体之间的关系以及山体与城市的关系较为特殊。有的是最早的聚落地，有的是重要的矿藏地，有的是龙窑的集中地等。这些山体通过一条贯通南北的运河——蠡河，相互沟通，使得相互之间形成一个"离而不分"的整体。蠡河水系沟通了这些山体之间的联系，并为后来的陶瓷业贸易拓展奠定了基础。

均山位于丁蜀镇南部，又名南山、大潮山，海拔180米，古时松林茂密。均山是丁蜀镇南部的天然屏障，其海拔较高。在原始时期，丁蜀镇中心地带多为沼泽之地，均山就成为人们围绕"近水高地"而居的最佳选址。均山不但是丁蜀地区最早的聚落聚集地，也是最早的陶瓷生产基地。据考古发掘，均山北麓分布着大量秦汉时期的窑址。早在东汉时期，均山就已经成为以青瓷生产为主的重要窑场，因而均山是丁蜀镇陶瓷发展的源头所在。

丁山原名鼎山，俗称山头上，位于黄龙山、青龙山南侧，南邻丁山大河（属蠡河）。山南水北的自然环境使得这里成为陶瓷制造业的重要地段。据史料记载，早在明代景泰年间，便有浙江宁波的葛氏和鲍氏迁居于丁山开始从事制陶业，就是从这个时候开始，丁山成为丁蜀镇的陶业生产中心，今天丁山的山体已经被民居所覆盖。

黄龙山一直是紫砂泥的主要矿源产地。经过多年的开采，黄龙山已变得遍体鳞伤，完全失去了山体的基本轮廓和气势。山体北侧经过长期开采已经成为一片水潭，目前仅在东南侧台西村保留了一座矿井——五号井。

青龙山位于黄龙山西北侧。青龙山曾经主要是为西北方向的丁山水泥厂和东侧的宜兴水泥厂提供原料，同时青龙山也是紫砂泥料的来源地。因此，青龙山也遭遇和黄龙山一样的开采命运，其北侧也形成了面积较大的青龙河。

在青龙山南侧有一山，名曰茅庵山，与黄龙山和青龙山鼎足而立。山上保存着一座创建于晚清时期的古龙窑——前进龙窑。前进龙窑长84米，是丁蜀镇乃至宜兴境内现存最大的古龙窑。

蜀山濒临蠡河，因其水上门户的独特空间区位，自明代以来便是紫砂陶业的生产中心。蜀山山麓分布着大量龙窑，西侧以紫砂窑为主，又西临蠡河，形成了一条紫砂贸易的集市——古南街。这里自明代开始形成集市，一直持续到新中国成立以后，是中国紫砂产业的诞生地。

大量山体分布自然形成错综复杂的水系，丁蜀镇的水系有天然河道、人工河道共45条之多，形成了发达的河网平原。其中，蠡河水系、鼍画溪水系是最为重要的水体。蠡河南接湖滏，北连张泽入东氿，直通武宜运河，沟通大江南北，全长21.5公里。在陆上交通还未形成以前，蠡河起着沟通丁蜀镇与宜城的重要作用。

丁蜀镇除了蠡河沟通南北，主要运输汤渡和白宕的陶瓷产品外，蠡墅河却担任着紫砂原料的运输，联系着蜀山和黄龙山。这就为紫砂的生产提供了原料运输的通道，同时也把紫砂生产从早期的北山的蠡墅，拓展到了蜀山一带。正是依附于蠡河的水网沟通着蜀山和黄龙山，蜀山与西望村、中袁村、上袁村等紫砂毛坯生产地。

除了沟通南北的主体水道——蠡河外，丁蜀镇沿着太湖分布着百渎，其中两个联系太湖的重要渎口是北边的大浦港和南边的乌溪港。大浦港是宜城出入太湖的通道，乌溪港曾是丁蜀镇出入太湖的重要港口。后来随着蠡河的发展，乌溪港逐渐没落。

丁蜀镇水系还包括"浜"，有头条浜、二条浜，直到七条浜等水系，不过这些浜因城市建设需要，大部分已经消失，现在蜀山西街的钱婆浜还残留。值得一提的是，曾经苏东坡来东坡书院时，一直沿着蠡河、书院浜到达东坡书院。书院浜在20世纪60年代建合新陶瓷厂时填平。这样职能明确的

山体和层次丰富的水体孕育了丁蜀镇风景如画式的自然环境，这种风景如画式的环境吸引了不少文人雅士的前往，从而奠定了这一方水土的人文环境。苏东坡甚至在蜀山准备买田颐养天年。

丁蜀镇的山水布局对陶瓷业的发展也起着决定性的影响。山体为紫砂陶的发展提供了丰富的矿源储备、适宜的生产场所、大量的林木资源。而东部平原发达的水网则为这个城市的发展提供了得天独厚的水上交通。正是这样独特的自然地理环境，为城市的陶瓷发展奠定了物质基础，为陶瓷的发展布局提供了自然的选择。

陶土矿藏

从泥盆纪开始，地球又发生了海西运动，受其影响，海洋许多地区升起，露出海面成为陆地，古地理面貌与早古生代相比有很大的变化。丁蜀山丘地区露出大面积泥盆纪五通群地层，地下蕴藏着丰富的陶土矿，太湖沿岸又沉积着大量含铁质的土骨，形成了宜兴紫砂独有的主要原料。

紫砂泥得山川之灵气，是陶都得天独厚的特种陶土矿产，也是极其罕见的自然资源。紫砂泥的成分主要是石英、云母、赤铁矿和黏土。这些矿物微粒互相联接组成了一个个的团聚体，这种团聚体不仅本身存在着气孔，团聚体与团聚体之间也因

烧制试片
烧成温度约1170～1200℃
收缩比10%左右

烧制试片
烧成温度约1170～1200℃
收缩比10%左右

烧制试片
烧成温度约1120～1170℃
收缩比18%～23%左右

为在烧制过程中产生的体积收缩而形成了很多气孔。如果气孔太大，那茶壶就成了筛子；太小或者没有气孔又无法调节茶气而让茶汤存有熟茶汤气。而紫砂泥在正确烧制后形成的这种双重气孔结构，使得气孔能够两者兼顾，既能透气怡香，又能保水保温。这样茶叶的温、色、香、味就都被很好地保持住了，正是如此，才有了"世间茶具称为首"的美誉和几百年来人们对紫砂壶的推崇。

紫砂是一种成分特殊的黏土矿，尽管其结构和性能优异，但是在中国并非稀有。根据地质资料，辽宁、湖南、江西、安徽、四川、江苏、宁夏、内蒙古等地均有丰富蕴藏。然而如果研究其中的成分，不同产地的紫砂矿则判若霄壤。如果以色泽的美艳古朴、质地的经久耐用来评判，那么丁蜀陶土无疑独树一帜。

前文提到了丁蜀镇的自然地理环境是"半山半水"，正是这"半山"为丁蜀镇提供了得天独厚的陶土资源，从而奠定了丁蜀镇陶业经久不衰的物质基础。经过多年来的勘查探明，宜兴市丁蜀地带，可作为陶器原料的陶土，其蕴藏量极为丰富，地下矿脉有十余层之多，预测资源量在十亿吨以上。加之陶土资源相当一部分广布于近郊丘陵山区，便于开采运输和管理。

这些丘陵山地分别蕴含着不同品种的矿料，对陶业的选址和布局产生了一定的影响。丁蜀镇陶土资源丰富，并且每种陶土资源都有着不同的用途和功能。以往的分类较为冗杂，常常因名称而混淆。如果按照功能为主来划分，丁蜀镇的陶土资源可分为白泥、嫩泥、甲泥、紫砂泥、老泥、石黄泥、天青泥等。其中，白泥、嫩泥、甲泥是日用陶的主要原料；而紫砂泥、老泥、石黄泥、天青泥则是紫砂陶的主要原料。

关于宜兴丁蜀镇陶土矿藏分布的最早记载，可见于明代周高起的《阳羡茗壶系》，其中不但记载了泥料的种类，而且指明了产地和用途：

嫩泥，出赵庄山，以和一切色，上乃粘脂可筑，盖陶壶之丞弼也。

石黄泥，出赵庄山，即未触风日之石骨也。陶之乃变朱砂色。

天青泥，出蠡墅，陶之变黯肝色。又其夹支，有梨皮泥，陶现梨冻色；淡红泥，陶现松花色；浅黄泥，陶现豆碧色，密口泥，陶现轻赭色；梨皮和白砂，陶现淡墨色。山灵腠络，陶冶变化，尚露种种光怪云。

老泥，出团山，陶则白砂星星，按若珠琲，以天青、石黄和之，呈浅深古色。

白泥，出大潮山，陶瓶盎缸缶用之，此山未经发用，载自吾乡白石山江阴秦望山之东北支峰。

出土诸山，其穴往往善徙。有素产于此，忽又他穴得之者，实山灵有以司之，然皆深入数十丈乃得。

明代的陶土资源分布主要在两个地方：一个是均山附近的白泥场，主要是日用陶资源；一个是黄龙山和赵庄，主要是紫砂陶的矿藏。直到民国时期，黄龙山和赵庄一直是稳定的紫砂矿源产地，同时也是日用陶原料的产地。而日用陶所需的"嫩泥"和"甲泥"的稳定矿源除了黄龙山外，主要分布在南山地区，在西山前和任墅地区也发现了嫩泥矿的分布。

结合不同年代的地质勘察资料可以发现，丁蜀镇陶瓷工业的分布自古以来就受到矿源的影响，并呈现出一定的规律。

南山到白泥场一带，依旧是日用陶的主要矿源点。甲泥和白泥主要来自于南山。紫砂陶所用的紫泥、天青泥、石黄泥、老泥等则主要分布在黄龙山。正是这种布局对丁蜀镇的陶业分布起着重要的影响。川埠到蜀山一带便由于靠近紫砂矿源地而以紫砂业的发展为主；丁山和汤渡一带，处于黄龙山和南山之间，取土方便，因此以发展日用陶为主。

产城相依

这种山水环境和地质矿藏正是陶瓷业城镇形成的基础条件。经过漫长的地质变化，丁蜀的山丘地区既让龙窑依山而建，山上又蕴藏着茂密的林木、毛竹和煤炭资源，又为发展陶瓷工业提供了充足的燃料和原材料。东自蜀山、西自鼎山白岩、汤渡，南至白岩场，北达潜落、上袁，方圆30余里，几乎是家家做坯，处处皆窑，如陈维崧在《双溪竹

枝词》中所言"白甄家家哀玉响，青窑处处画溪烟"。从窑区再往西南，山更高，溪更深，山上所产的陶土和燃料，都可以从水道运到窑区。从这里由东往北，河面更宽，岔道更多，且都通太湖，可以把陶器产品运到长江两岸的广大地区直至全国各地。

丁蜀地区的早期面貌对后来的城镇结构变化的影响十分重要，正是因为沼泽地广泛分布于现在的丁山、黄龙山、青龙山等窑场中心地带，所以早期人们会倾向于选择临近画溪河北岸的南山北麓。这种对近水高地的选择正是早期丁蜀镇城镇结构的形成原因。

随后在东汉时期，根据考古发掘，确定大量的窑址存在于南山北麓，沿着山体分布。根据这些考古结论可以断定，至少在东汉时期，围绕聚落分布着大小窑场，资源的集中，矿藏的便利，优越的地势使得南山北麓成为聚落中心。

明代，城镇中心已经移到丁山，这得益于明代的治水之功，更得益于人口的迁徙。明代景泰年间，浙江宁波的鲍氏，因遇兵祸天灾，险遭劫难，为免丧生，族人纷纷背井离乡，散居外省各地，其中鲍氏东脉二支迁居丁山白宕从事陶业。之后，同鲍氏有世代姻亲关系的浙江宁波的葛氏，也随之迁居丁山。他们的迁入对于丁蜀镇有着巨大的影响，推动了陶业生产的结构布局的调整，使得源自均山北麓的汤渡陶业中心延伸到了丁山脚下。此时的陶瓷生产中心位于青龙山和黄龙山以南，丁山以东。

蜀山在明末清初形成了以紫砂生产为主的集中场所，随着清代紫砂在国外的畅销，使得蜀山紫砂生产不断壮大，一直到民国时期，以紫砂生产为主的蜀山地区逐渐代替了丁山的中心地位，成为丁蜀镇的商业贸易中心。

1931年，京杭国道通车，途径丁山，为丁蜀地区开辟了陆上交通线，促进了丁山陶器的对外贸易，使丁山的商业市场进入了新的发展时期。此后，蜀山的商业趋向衰落，商业中心逐渐移到丁山。

新中国成立以后，随着丁蜀镇的建立和陶瓷工业的发展，丁山的市容得到了较快的改造。1957年拆通白宕村，开辟了解放路大街，商业中心移至白宕。

通过以上可以看出丁蜀镇城镇结构的变化。早期的陶瓷生产起源于均山脚下。明代随着葛鲍的迁入，陶瓷生产集中在青龙山和黄龙山南侧的白宕地区。民国年间，随着蜀山客轮的开通，以及凭借蠡河的便利交通，商业中心集中在了蜀山地区。1931年京杭国道通车，促进了丁山陶器的对外贸易，商业中心也随之移到了丁山地区。之后随着街道改造，新的商业中心又西移至白宕。

总的来说，其城镇结构呈现出"三镇一河"线性分布的特点。通过西溪、蠡河形成水道，按照汤渡、丁山、蜀山的顺序，分别占据重要水口，沿着水道逐渐发展成为中心，分布均匀。其共同的特点都是背山面水

的窑场选址、聚窑成市的商业中心、相互协作的陶业生产。

丁蜀的空间格局演变反映了中国古代手工业、商业市镇的起源、发展并最终影响城市总体格局的过程，体现了以紫砂陶为主的传统产业对本地区旳发展产生的重要影响，是宜兴乃至丁蜀作为历史文化名城的重要支撑。由于是自发形成的手工业和商业中心，丁蜀的城镇历史空间形态也表现出极大的自由性。与宜城这种典型的中国古代县城相比，丁蜀没有城墙城壕，没有固定的、规则的边界，没有统一的中心，没有统一的规划管理，没有规整的网格状道路，也没有重要的衙署和公共建筑，一切都是因陶业生产和贸易的需要，以几座矿山为中心，矿厂、窑厂、作坊、码头、仓库、店铺以及与之关联的民居、酒楼、茶馆、旅店等各种类型建筑沿河道和近代公路逐步延伸，最终融为整体。道路网因山形、就水势，表现出十分自由、多元的形态。

陶都之都 02

千年陶史

|||||| 新石器时期 ||||||

→ 宜兴南部山区蕴藏有丰富的陶土资源，距今7300年前，宜兴的先民便已熟练掌握了制陶技术。他们开始制作原始夹砂红陶器和夹砂灰陶器，以平底腰檐釜及磨制石器为代表的器物构成了太湖西岸早期文化类型——骆驼墩文化。

→ 距今5000年前，出现泥质较细腻的灰陶和白陶。

|||||| 商周时期 ||||||

→ 商周时期，宜兴先后归属于吴、越、楚，隶属关系的频繁变化带来了人员的迁徙流动，也促进了文化的交流融合。人们在这一时期的古墓葬中发现了数量众多的印纹陶器和原始青瓷器。

→ 陶器种类日益增多，制作工艺从泥条盘筑逐渐发展为轮制成型。

|||||| 秦汉时期 ||||||

→ 秦始皇二十六年（前221年）在今宜兴境内设阳羡县。宜兴在正式设县后，社会经济水平有了较大的提高，出现了蒋澄、许馘等高官大族。宜兴的陶瓷生产也达到一个空前水平，其质量和产量均处于全国领先地位。

→ 汉代青釉陶器大量生产，品种有瓶、盆、罐、鼎等日用釉陶。

|||||| 两晋时期 ||||||

→ 青瓷烧造技术趋于成熟，生产颇具规模。

→ 三国两晋时期，孙权任阳羡长，宜兴周处家族一门五侯，四世显著，成为江南地区最大的门阀世家。其中，因周处之子周玘平叛有功，朝廷专门为此设义兴郡，是宜兴历史上疆域最大、地位最高的时期。

→ 这一时期，宜兴青瓷生产也达到了鼎盛，青瓷烧造技术趋于成熟，生产颇具规模，其产品可与浙江青瓷相伯仲，是汉代以来宜兴陶瓷的又一高峰。

→ 20世纪70年代，周墓墩中出土一批精美文物。其中一件青瓷香熏，现藏于国家博物馆；一件青瓷神兽尊，现藏于南京博物院。两件器物代表了晋代宜兴青瓷的生产工艺水平。

隋唐时期

→ 宜兴青瓷烧制技术和装饰工艺更进一步，同时期出现了黑釉陶器。

→ 陆羽在宜兴和长兴地区著成《茶经》。

宋元时期

→ 宜兴形成丁蜀和西渚两大窑场。

→ 宋朝"斗茶"之风盛行，当地生产执壶与撵茶用的擂具等陶器。

→ 为避宋太宗赵光义讳，改义兴县为宜兴县。

→ 唐宋以降，各地名窑蜂起，宜兴因缺乏优质瓷土而另辟蹊径，转而生产日用陶瓷。宜兴青瓷淡出，以酱红釉为主的日用釉陶兴起。

明朝

→ 明清时期，宜兴已成为全国影响最大的日用陶瓷产地，而且创烧了紫砂、宜均等日后闻名海内外的陶瓷新品。宜兴的窑场主要集中于丁蜀地区。

→ 堆花上釉缸等大型日用陶器开始生产。

→ 明太祖朱元璋废团茶兴散茶，为宜兴紫砂壶的兴起创造了条件。

→ 紫砂开山鼻祖供春制作树瘿壶，开启了紫砂的历史。

→ 明代创烧的宜兴紫砂陶器，因其独一无二的材质和适茶性能而备受上至皇亲国戚、下至平民百姓，尤其是文人们的喜爱。其在明末清初时被大量销往日本、东南亚和欧洲各国，成为当地上层社会炫耀身份的奢侈品，并对欧洲陶瓷的创烧产生了深远的影响。

→ 周高起著《阳羡茗壶系》。

清朝

→ 紫砂器的品种日益增多，不仅受到皇家喜爱，而且经海上丝绸之路销往西方，被欧洲人称为"红色瓷器"。

→"宫中艳说大彬壶，海外竞求鸣远碟。"各地商贩为此而云集宜兴，"商贾贸易廛市，山村宛然都会"。故从那个时候起，宜兴就有了"陶都"之誉。

|||||||||||||||||||||| 民 国 ||||||||||||||||||||||

1912年　周文伯在宜兴蜀山兴办"利用陶业公司"，并成立"陶工传习所"，特建造龙窑一座。

1915年　"葛德和陶器店"和"利永陶器公司"生产的紫砂器，在美国三藩市"太平洋万国巴拿马博览会"获头等奖和二等奖。宜兴丁蜀镇成立粗货业（缸业）公所、黑货业公所、砂货业公所、溪货业公所和黄货业公所。

1926年　利永公司紫砂大花瓶和多式茶具杯碟在美国费城"万国博览会"获特等奖。

1930年　宜兴紫砂在比利时举行的"列日国际博览会〞获银牌奖。

1933年　紫砂从业人员达600多人，全年共烧紫砂器140窑，年产量220万件，年产值42万元，占宜兴陶瓷工业总产值的15%左右，并直接接受日本、东南亚等国订货。

1934年　砂货、粗货（缸业）、黑货、溪货、黄货五个行业，合并组成陶业公会。

1937年　抗日战争全面爆发。宜兴陶业一蹶不振，陶业生产濒临绝境。

1946年　抗日战争胜利后，陶业生产复苏，发展缓慢。江苏省建设厅组建"丁蜀第一陶器生产合作社"主要生产日用陶器。

|||||||||||||||||||||| 新中国成立后 ||||||||||||||||||||||

1957年　紫砂艺人任淦庭、朱可心、顾景舟出席全国工艺美术艺人代表大会。宜兴县陶瓷公司和陶瓷专业联社，共同组团首次参加"广州中国出口商品交易会"。

20世纪60年代　宜兴日用艺术陶瓷形成"紫砂陶、均陶、青瓷、精陶、美彩陶"五朵金花竞相绽放的局面，建筑陶、卫生陶、特种陶瓷也蓬勃发展。

20世纪70年代末　宜兴地区实行窑炉改革，出现以煤为燃料的隧道窑。1977年，使用了几千年的龙窑全面停烧。

20世纪80年代　宜兴陶瓷公司下属企业多达30多家，员工3万多人，为地方财政收入主要来源。其选送大量人员进入各大专院校学习培训，为陶瓷行业培养了一批专业技术人才。

20世纪90年代末　宜兴陶瓷公司整体进入转制、改制阶段。

2006年5月20日　宜兴紫砂陶制作技艺被列入首批国家级非物质文化遗产名录。

五朵金花

丁蜀的艺术陶瓷主要由紫砂陶、均陶、青瓷、精陶、美彩陶组成，风格各异，均有显著的地方特色，是为"五朵金花"。

紫砂陶

紫砂陶器，是用宜兴丁蜀镇北面黄龙山产的陶土紫砂泥制成的陶器，以紫砂壶为大宗，也有日用陶器和紫砂艺术陈列品。紫砂泥料原深藏于岩石层下，分布于甲泥的泥层之间，矿层厚度几十厘米到一米左右，其化学成分为含铁质黏土粉砂岩。紫泥主要矿物成分为水云母，及不等量的高岭岩、石英、云母屑和铁。紫砂壶并不一定就是紫色，高温烧成后呈现各种各样的奇丽的色彩，有朱砂红、枣红、紫铜、海棠红、铁灰铅、葵黄、墨绿、青兰等。紫砂壶不上釉，但胜似上釉，色泽变化奇诡，丰富多彩。如朱砂紫、榴皮、豆青、海棠红等，皆是自然原色，质朴浑厚，古雅可爱。烧成后的紫砂壶保温性和透气性均十分理想，是喝茶的理想用具。

紫砂茶壶分为全手工和半手工，全手工制作，采用传统的创作技能——拍身筒和镶身筒，身筒内外部的泥门松紧是不一样的，拍身筒时通过木拍子的拍打，外部泥门较紧，而身筒内部因是用手托着，泥门较松，所谓的"内松外紧"，透气性好。半手工挡身筒制作时，需用搪皮来压紧身筒内壁达到整形的目的，故身筒内外泥门松紧是一致的，相对于全手工壶的透气性而言，从理论上说要稍逊一筹。全手工壶更能体现艺人的技能水平和紫砂壶的神韵。

均陶

均陶，即均釉陶器，又称"宜均"。均陶以其特有的"均釉"和"堆花"著称于世。

均陶釉色有霁蓝、甜白、墨绿、天蓝、乳白、金黄、古铜等数十种，最大的特点是釉面醇厚、清雅，并在烧成中产生奇异的窑变现象，釉面会呈现出斑斓璀璨、五彩缤纷的效果。

宜兴均陶原料采用当地蕴藏量丰富的甲

泥、嫩泥和白泥等陶土配制品；在成型法上运用泥条盘筑或泥片镶接，这在中国乃至全世界陶瓷历史上也是一个创举。明万历十七年（1589年）修的《宜兴县志》就有"缸、翁、瓶"的记载。明代也提到"水缸、花缸、七石、牛腿"陶器的诸多款式。无论是均陶大缸、乌坛花缸、龙缸，还是各式花盆、荷缸、陶钵，采用泥条盘筑成型或者泥片镶接成型，以及与之相关连的干燥技法、施釉方式等都有了完整的制作体系和工艺流程，从而使坯体致密、避免渗漏、质量稳定、形制美观。

大拇指堆花是均陶独特的装饰手法，堆贴的画面不仅有单纯的纹饰，也有以花鸟、山水、人物等为题材的图案，不仅注重堆贴画面与坯体造型的和谐统一而且注重泥色的选择和小工具的应用，即所谓的"拇指堆出大景致，竹尖点出龙虎睛"。

20世纪80年代以来，宜均品种从原来的缸、盆、瓶、钵等发展到各式均釉花盆、花瓶、园林陶瓷、艺术壁画等品种。

青 瓷

青瓷是中国著名传统瓷器的一种，宜兴的青瓷起始于西周时期，在两晋时期的烧制技艺已经相当纯熟，在隋唐时期已成规模，工艺日精。近年来在宜兴境内的古文化遗址考古中发现，宜兴是中国青瓷工艺重要的起源地、也是青瓷文化的发源地。

宜兴青瓷，胎质精致而轻盈，釉质润厚，匀净如玉，釉色十分丰富，有青绿，茶绿、翠青等，其造型典雅秀逸，装饰端庄雅韵。

从唐代开始，宜兴青瓷已经是皇家御品，那时候青瓷家喻户晓。北宋时期，青瓷制作工艺更为精细，釉色如玉，变化丰富。后来在五代时期，宜兴因为瓷土的缺乏导致青瓷艺术衰败下来。由此可见，宜兴青瓷从汉朝到宋朝，兴盛衰败，交替不休。南宋时期，宜兴青瓷受到一些诸如原材料的条件限制，又因为龙泉青瓷和景德镇的瓷器发展迅猛，迅速占领了江南市场等原因，发展逐渐衰落。新中国成立后，宜兴匠人又开始研究它失传已久的技术，成功复烧了青瓷，展现出它"色青、如冰、似玉"的种种美感。此后，青瓷艺人将绘画、雕塑等艺术形式逐渐融入青瓷工艺品中，青瓷造型、装饰都得到越来越丰富的表现。

20世纪80年代，宜兴青瓷第一次销往欧洲国家时，便被人们称为"东方的蓝宝石和碧玉器"。20世纪80年代末到90年代初，青瓷的发展已进入空前繁荣时期，作品远销54个国家和地区，可以和浙江的龙泉青瓷并驾齐驱。

精陶

精陶作为陶瓷新品本是外来品，最早起源于英格兰。20世纪60年代，宜兴着力发展这种陶瓷新品种。精陶兼有陶和瓷的特点，堪称陶中精品。精陶产品以成套餐具、茶具、咖啡具为主，还有盘、瓶、文具等陈设实用工艺品。其中的精炻器产品更具特色，造型简练，装饰明快，材质优异，从而畅销国际市场。

精陶，似瓷而非瓷，既有瓷器的华丽，又有瓷器所不具备的功能。陶和瓷的主要区别在于：其一，原料不一样，瓷器用的是高岭土，陶器用的是黏土；其二，烧成温度不一样，陶器的烧成温度最低可以在800°C以下，最高可达1100°C左右，而瓷器的烧成温度必须在1200°C以上；其三，瓷器质地致密，较脆、易碎，而陶器的牢度较好；其四，瓷器胎体吸水率不足1%，而陶器的吸水率可达3%~15%；其五，冷热急变性能不同，陶器比瓷器强。

宜兴精陶曾经以广泛的实用性与莹润典雅的艺术品位而广受喜爱，并畅销欧美市场，一度在美国两家最大的采购商的供货名单中名列各陶瓷品种第一位。

美彩陶

美彩陶是将"美术陶""彩陶"并称为"美彩陶"，属陈设类艺术陶瓷，是在传统宜兴均釉工艺的基础上发展起来的陶瓷艺术，以雕塑、花瓶、灯具、壁画和其他实用工艺品为主，釉色丰富，装饰绚丽典雅。

这一门类中的彩陶以彩釉细陶而闻名，持有印花、喷花点彩、陶刻等崭新工艺。其独特的彩釉和丰富的造型艺术在改制后得到发扬光大，所制陶瓷酒瓶被茅台、五粮液等百余家酒厂选作高档容器。

宜兴美彩陶，釉色有红、蓝、黄、白、黑等20多种单色釉以及茶末釉、金星釉、毛皮釉、叠翠釉、雨点红等50多种高温变色釉，各种颜色的釉料在烧制中流窜、融化、聚散，具有较高的欣赏价值。

产业矩阵

　　丁蜀7000多年的制陶史，薪火不熄，传承至近代以来，工业陶逐步兴起和发展。至20世纪90年代，陶瓷产业是宜兴的主要经济支柱产业。其后，随着国家的经济体制改革，多种机制并存。陶瓷虽然在丁蜀经济中的比重逐渐降低，但门类齐全，纵向发展依然强劲，且就业稳定，持续发展基础较好，仍然是彰显陶都地位的重要支柱。

　　近10年来，宜兴陶瓷在市场调节和政策导向的推动下，结构调整幅度大，陶都特色更加凸现。在市场需求的调节下，传统日用陶全面紧缩。"十二五"期间，政府关停"三高两低"的琉璃瓦生产企业近300家，建筑陶全面推进转型和提档升级，重点发展了壁挂砖、劈开砖等特色建筑陶瓷。日用陶瓷重点向酒瓶、餐具、茶具集结发展，园林陶以盆艺为主拓展外贸经营，工业陶瓷领域拓展、科技含量提升，陶瓷艺术保持多样化，陶瓷文化日益繁荣。整体陶瓷结构完备，且均有不同的亮点。

　　宜兴工业陶瓷主要有结构陶瓷和功能陶瓷两大类，应用领域广泛，其技术含量逐年提高，产品覆盖面广已成为宜兴陶瓷的发展重点。宜兴耐火陶瓷初步形成规模集群，产品范围广、产品齐全，品种涉及冶金、玻璃、水泥、陶瓷、石化、环保电力等各个方面，年产值超过50亿元，且在国内同行业中技术领先，生产体系完备，行业中影响力大。

　　位于丁蜀镇的江苏宜兴陶瓷产业园区，是中国工业陶瓷科技前沿阵地和工业陶瓷产业重镇。目前，园区已集聚各类陶瓷企业760多家，以工业陶瓷、陶瓷非金属材料产业为主导产业，形成了由高端制造、装备设备、配套加工和对外贸易等组成的较完整的产业链，工业陶瓷产品门类涵盖了耐磨陶瓷、电子陶瓷、化工陶瓷、纺织瓷等多个领域，在中国新材料研发和设计制造上有一定影响。

古镇明珠 03

文化遗址

丁蜀历史悠久，文物遗存丰富，保存新石器时代以来的古遗址、古祠庙、古桥梁、古碑刻此四大特色门类的不可移动文物点近百处。这些遗存不仅是丁蜀先贤聪明智慧的结晶，也是丁蜀创新发展的不竭源泉。

小 窑 墩 遗 址

位于丁蜀镇建新村周家自然村分洪桥

南。现为全国重点文物保护单位。窑址为一东西方向的长条形斜坡状高墩，全长约50余米，窑址正中可见一条四槽，当系龙窑倒塌后的遗存。该窑的文化堆积十分丰富，产品从西晋一直延续至宋代。晋唐时期主要生产碗、罐等青瓷器，宋代开始生产大型的缸、瓮等日用陶器。小窑墩遗址是研究丁蜀六朝青瓷的一处重要遗存。

涧㴩窑遗址

位于丁蜀镇陶渊村涧㴩自然村。现为全国重点文物保护单位。涧㴩窑遗址利用土墩自北向南倾斜的地势建筑窑基。窑基尚有空室、挡火墙、窑床等部分保存较好，窑基残长28.4米，尾部已残缺。涧㴩龙窑产品以青瓷日用器为主，品种有碗、罐、油灯等，时代大致为唐代中晚期。

蜀山窑群

位于丁蜀镇蜀山东南至西北的坡地上。现为全国重点文物保护单位。窑址环线蜀山，紧临蜀山古南街和蠡河，窑址范围南北长度约1000米，自上至下宽约100米。2005年至2006年，南京博物院和宜兴市文物管理委员会等单位联合对蜀山窑群进行了发掘。蜀山窑群创烧于明代中后期，至20世纪60年代末隧道窑兴起后停烧，延续有近500年。考古表明，蜀山窑群是宜兴明代至民国时期生产紫砂陶、均陶和日用陶的主要窑场。许多器物的釉色、造型和纹饰与北京故宫博物院、比利时皇家博物院的藏品以及南海沉船中出水的紫砂、均釉陶器风格一致，可见当时蜀山窑产品在清代已大量进入皇宫并外销欧洲、东南亚和日本，成为上流社会的日用珍品。

前墅龙窑

位于丁蜀镇三洞桥村前墅自然村。现为全国重点文物保护单位。前墅龙窑创烧于明代，延烧至今，是宜兴地区目前仍以传统方法烧制陶瓷器的唯一一座龙窑，是活着的古龙窑。龙窑头北尾南，通长43.4米。窑身内壁以耐火砖发券砌成拱形，窑身左右设投柴孔（俗称鳞眼洞）42对，燃料主要为煤、松树、竹枝等。前墅龙窑历史上主要生产盆、瓮、罐、壶等日用粗陶，现还间烧少量紫砂器、均釉陶等。

前进窑遗址

位于丁蜀镇白宕社区解放西路茅庵山南坡，建于清代晚期，民国年间进行了扩建。现为全国重点文物保护单位。前进窑为龙窑结构，头南尾北，依山而建。窑身内壁用长条形砖发券，外壁敷以黄石块与白土。窑身两侧设投柴孔90对，东侧建有窑门3个。现窑头部分已被拆毁，窑址残长84米，窑基宽8.7米。窑身内壁中部底宽3米，高2.45米。产品主要为大缸、盆、酒坛、陶台等。前进窑是宜兴现存最大的龙窑遗址。

陶批码头遗址

位于丁蜀镇湖㳇社区，现为宜兴市文物保护单位。陶批码头建于20世纪70年代，码头长500米，占地90多亩，在二十世纪七八十年代，曾为宜兴陶瓷的发展发挥过积极而重要的作用。陶批码头地处丁蜀镇东部蠡河沿岸地区，属于连接几个历史文化片区的中间过渡地带。20世纪90年代后，陶批码头经过企业改制和产业转型，码头的功能已不再存在。目前这一地区以陶瓷特色产业和传统技艺为依托，以塑造城市品牌为目标，结合现状形成了旅游产业、文化产业、休闲产业、创意产业等产业功能区。其由北至南分成三个大的主题功能区域，分别是北部的紫砂文化区、中部的文化休闲区和南部的陶文化区，真实还原了和紫砂有关的生产、生活场景，充分发挥了历史文化遗存对提升城市文化内涵、促进经济发展的巨大作用。

黄龙山紫砂泥矿井遗址

　　黄龙山矿区中的紫砂陶土资源十分丰富，是宜兴紫砂泥料的主要产地，也是紫砂文化的发源地，包括大水潭、黄龙山五号井、台西井等。现为江苏省文物保护单位。

　　大水潭位于丁蜀镇中心广场、黄龙山南侧，由明代露天采掘紫砂泥所形成，面积约6500平方米。相传有异僧叫卖富贵土，引诱人们到此后消失，后来当地人在异僧消失之处挖出了可制作陶器的紫砂泥。

　　黄龙山台西井位于丁蜀镇潘南社区（原台西村），建于20世纪80年代末，共有两个井口，均朝北，坑道内宽2.3米，高2.2米。其西面有露天采掘泥料后形成的水潭。黄龙山五号井位于台西井东50米。黄龙山五号井建于1979年，井口朝东，有两个，一为走人，一为运料，现存矿井坑道和运泥料的铁轨等。为保护紫砂泥料资源，黄龙山

所有泥料矿井于20世纪90年代停止开采。2000年后，此地被规划建设成遗址公园，其主入口位于山体南侧，通过踏步进入公园，园内步行道随形就势，串联起展馆建筑区、人文景观区、特殊地貌展示区等主要景点，悬崖处设木栈道，避免对山体的破坏。公园内散点式布置采矿、选矿、制陶、烧陶等内容的情景雕塑、文化景墙，展示黄龙山紫砂源远流长的历史，反映深厚的紫砂陶文化精髓。

历史街区

　　丁蜀现存的古街区大都形成于明清时期，目前保存较为完好的古街区主要有蜀山古南街和葛氏鲍氏聚居地两处。

蜀山古南街

　　地处丁蜀镇蜀山西南山麓，东接东坡书院，西濒蠡河，北通蜀山大桥，与古北街相望。蜀山古南街是明清时期因陶瓷的制作、烧制和销售而逐步形成的街市，街区总长达千余米，面积约46000平方米。目前保存较为完好的街道长370余米，街宽2.4~3.4米，街面全部以天然花岗岩条石铺设，石条下为排水道。街两旁的建筑大都为砖木结构二层楼房，在明清时期建造，属典型的江南古民居。

　　这里的居民大部分都从事陶瓷生产和经营，其住宅后屋为制陶作坊，临街前屋则

摆起货架设店营销，楼上生活居住。

街区的背后，沿蜀山的西、南山麓，是明清时陶器烧制的地方，最多时建有十余条龙窑，每当点火时，窑烟蔽日，屋宇尽被灰烬染成黑色。2005年至2006年，南京博物院和宜兴市文物管理委员会办公室等单位曾共同对蜀山窑址进行了科学发掘，取得了重要的成果。蜀山窑群现为全国重点文物保护单位。

街区西侧的蠡河，则是陶瓷器交易和外运的码头。蜀山周边生产的紫砂、均陶和各种日用陶器从这里通过船只，经东汸、太湖源源不断销往全国各地。

葛氏鲍氏聚居地

葛氏鲍氏聚居地历史文化街区，坐落在以出产优质紫砂泥而闻名的黄龙山南侧，南临白宕河，是明清时葛、鲍两个陶业世家的聚居地，规划保护面积30000平方米。

南宋末年，葛、鲍两家从浙江省宁波迁至宜兴，并聚居于此从事陶业生产，至清代成为宜兴最大的两个窑户和商户，其产品行销国内外，是近现代宜兴陶瓷行业的代表人物。

葛氏从葛诚斋创立"葛德和"开始，先后四代经营陶业，后来发展到其他工商业，并在上海投资房地产。

鲍氏则从清乾隆年间鲍春驷（鲍四房）创立"鲍鼎泰"陶器店开始，通过几代人的苦心经营，除在上海、浙江开店号之外，还到南洋新加坡等地开设陶器店。到抗战爆发前，在鲍驹昂的名下总共开设了以"泰"字为店号的八爿陶器商店。

20世纪50年代，葛、鲍两家合股在两家居住地中间成立当时最大的公私合营企业"大新陶瓷厂"。2004年后，因规划调整，大新陶瓷厂迁至郊区，但葛、鲍两家族聚居地仍然基本保持明清时期原有的风貌，其房屋多为清代、民国时期的老建筑。同时，大新陶瓷厂的宿舍楼、门楼等均保留完好。

建筑古迹

丁蜀地处江南水乡，雨水丰沛，气候温润，砖木建筑极易腐朽损坏，故宜兴地区留存至今的古建筑大部分为明清时期所建造，其建筑形式主要为民居、祠堂、庙宇和古桥等。

东坡书院

苏轼，号东坡居士，北宋著名文学家、书画家。北宋熙宁、元丰年间，苏东坡应

宜兴单锡、蒋之奇等同科进士的邀请，多次来宜兴游历，并多次在宜兴买田，作卜居归老之想，为此留下了许多与其相关的文物古迹和传说故事。

蜀山原名"独山"，因苏东坡赞美其"此山似蜀"，后人为纪念苏东坡，就把独山改名"蜀山"，并在东坡讲学处建造了一座"似蜀堂"，后又在此基础上建造了"东坡祠堂"。

明代弘治年间（1488—1505年），工部侍郎沈晖出资购地30余亩，在原东坡祠堂的基础上，建造了东坡书院，其后历代均有修建。

现存东坡书院面南坐北，共有建筑四进，西侧还建有碑院，建筑整体风貌保存十分完整。现为江苏省文物保护单位。

大 浦 桥

位于宜兴市丁蜀镇大浦老街北端，跨大浦港（又称楼渎港）。

大浦桥建于明成化四年（1468年），清康熙四年（1665年）重修，光绪年间再修。桥拱内有明成化、清康熙修桥碑铭各一块。

大浦桥为单孔石拱桥，南北向，青石、花岗石、阳山石混砌，桥长27.2米，中宽2.7米。现桥北端紧接潮音禅寺，南侧与大浦老街相连，周围建筑环境仍基本保持着旧时原貌。2006年6月，由江苏省人民政府公布为省级文物保护单位。

画 溪 桥

位于宜兴市丁蜀镇画溪社区，跨画溪河。现为宜兴市文物保护单位。三孔石拱桥，全长34.94米，中宽4米。历史上，画溪桥沿河风景秀丽，两边岸上栽满朱藤花树（紫藤），每当春暖花开，水光花影，交相辉映，被称为"画溪花浪"，为宜兴古十景之一。

张 泽 桥

位于宜兴市丁蜀镇张泽老街。

据《宜兴县志》记载，春秋时，范蠡凿蠡河，在此建木桥。现存石桥为三孔石拱桥，清康熙五十四年（1715年）重建，民国廿三年（1934年）重修，近年来又多次修缮。2011年12月，由江苏省人民政府公布为省级文物保护单位。

非遗传承

丁蜀非物质文化遗产形式多样，项目丰富，它们不仅凝聚了前人的智慧，也丰盈了城市的精魂，使得丁蜀在数千年的变迁中始终个性鲜明，风姿绰约。

宜兴紫砂陶制作技艺

是中国现存唯一的以拍打泥片手法成型的传统制陶工艺，自明代成熟以来已有600多年历史，集中分布于丁蜀地区。该技艺从原料加工、器物成型、装饰到烧成，都蕴含民族智慧，具有鲜明的区域文化特征。

紫砂质地细腻，含铁量高，可塑性好，色泽古朴雅致，不仅可用于制壶，亦可作盆瓶雕塑、文房雅玩等。在世代传承过程中，该遗产逐步与诗、书、画、印、佛、道、茶等中国传统文化紧密结合，使紫砂器成为赏用兼优的实用艺术品，其中尤以紫砂壶声誉最隆，集中体现了中国陶艺质朴、工巧、器美和趣雅的最高追求，继承了中华传统文化的精髓和民族独特的审美精神，成为中国制陶技艺的杰出代表。

2006年，"宜兴紫砂陶制作技艺"被列入首批国家级非物质文化遗产代表名录。

宜兴均陶制作技艺

均陶是指宋代以后丁蜀当地生产的一种施以特定高温窑变釉或堆花装饰的陶器，亦称宜均陶器、宜兴均釉陶器或宜兴挂釉器。其制作工艺主要包括四大主要工艺流程，即原料（泥料和釉料）加工、成型、装饰及烧成工艺。

宜兴均陶生产工艺在明代晚期进入成熟期。明代的"欧窑"和清乾嘉年间的"葛窑"制品分别代表了当时最高的工艺水平。

宜兴均陶品种丰富、形制众多、款式古朴浑厚，产品被国内名窑所仿制。凭借得天独厚的本地陶土材质，使均陶器形大则数米、小则盈寸。数百年来，不仅广为百姓喜爱，也受到王公贵族的追捧，更被远销海外，屡获嘉奖。

宜兴均陶之所以历时数百年依然备受关注和追捧，主要在于其温润淡雅的釉色和美轮美奂的堆花。世人将均釉、堆花、紫砂并称为"宜兴陶瓷三绝"，宜兴均陶独占两绝，足见其在陶瓷中的重要地位。

2014年，"宜兴均陶制作技艺"被列入第四批国家级非物质文化遗产代表性项目名录。

宜兴青瓷制作技艺

丁蜀瓷器的烧造，以青瓷为最早。丁蜀青瓷历史悠久，始于西周，成熟于两晋。境内众多古窑址的发现，证明丁蜀是原始青瓷的重要产地。由于宋代各大名窑的崛起，丁蜀陶业扬长避短，转向日用陶器的生产，因而宋代以后，宜兴青瓷渐趋式微，制作技艺一度失传。

20世纪60年代，宜兴青瓷方始复苏，发展至今。青瓷制作工艺复杂，主要包括原料加工工艺、成型工艺、装饰工艺和烧成工艺，工序达四十多道，艺人使用的器具有百余种之多。产品种类丰富，有酒具、餐具、茶具等日用品，还有雕塑、花瓶、挂盘等陈设工艺品，达上千个品种，外销数十个国家和地区。宜兴青瓷，以色泽纯净如玉、瓷质细腻致密、线条明快流畅、造型端庄浑朴而著称于世，被海内外誉为"东方蓝宝石、精美碧玉器"。

2011年，宜兴青瓷制作技艺被列入江苏省级非物质文化遗产代表作名录。

宜兴彩陶装饰技艺

此技艺是指针对不同的陶器造型和用途，选用不同的装饰手法和装饰工艺，对陶器进行美化装饰的技艺，通俗讲就是给陶器配穿合适的衣裳，使其充满美感。装饰手法主要有釉装饰法、化妆土装饰法、刻花点彩装饰法、浮雕装饰法、贴花装饰法、印花装饰法等，运用的工艺手段包括刻、画、刮、点、堆、贴等数十种。产品主要有坛罐、花瓶、灯具、花架、花盆等实用器和艺术陈设器。

宜兴彩陶装饰技艺是宜兴传统陶瓷装饰技艺发展的结晶，其发展经历了从古代彩陶到彩釉细陶，直至现代艺术彩陶的漫长衍化过程。

经考古调查，丁蜀有汉、唐、明、清等不同时期烧制陶器的窑场。民国年间，丁蜀镇出现规模较大的从事研制、生产彩陶的工厂。20世纪50年代，彩陶装饰技艺的传承发展步入正轨，七八十年代以来日趋成熟，使彩陶产品越过日用品之坎，登上

艺术殿堂并且进入欧美市场。进入新时期，宜兴彩陶融入了现代陶艺精华，酒瓶类、现代艺水陶类等新品种流光溢彩。

2011年，宜兴彩陶装饰技艺被列入江苏省级非物质文化遗产代表作名录。

宜 兴 陶 传 统 仓 储 技 艺

日用陶历来是宜兴陶业的传统大宗产品，大量日用陶器在通过水路被运往各地销售使用之前，首先要进行短拨和存储，统称为仓储，在这一过程中涉及的各项传统技艺即为宜兴陶的传统仓储技艺。

作为宜兴陶瓷产业链中的重要环节，宜兴陶传统仓储技艺是伴随着丁蜀陶业的兴起而产生的，并在陶工们的实践中不断总结、完善和丰富，主要包括滚缸、堆垛、点数、包装、装舱和修缸等。滚缸主要应用于大缸大坛的短途运输；堆垛、点数主要应用于陶器存储；包装、装舱主要应用于以船舶为主要运输工具的装货环节；修缸主要应用于宜兴大缸的仓储和使用环节。20世纪末，水路运输逐渐被便捷迅速的陆路运输所取代，加之机械化水平的提高和器形的变化，传统陶仓储技艺的应用范围越来越小。

2016年，宜兴陶传统仓储技艺被列入江苏省级非物质文化遗产代表作名录。

宜兴龙窑烧制技艺

　　丁蜀是中国重要的陶瓷产地，在数千年的陶瓷业发展过程中，孕育出了独具特色的宜兴龙窑烧制技艺。宜兴龙窑烧制技艺经过两千多年的历史演变，工艺体系成熟，为丁蜀成为"陶都之都"作出过巨大贡献。

　　宜兴龙窑一般依山而建，循山势而上，窑体呈长条形，貌似长龙，因此称为龙窑。窑体由窑头、窑身和窑尾三部分构成。过去，丁蜀窑场烧制陶瓷主要依靠龙窑。龙窑烧制技艺包括制坯晾坯、祭祀、清窑、装窑、预热、烧窑、冷窑、开窑八道工序。由于社会的进步和发展，丁蜀的龙窑目前已基本被电窑、气窑等现代烧制工具所代替。目前，建于明代的前墅龙窑是丁蜀乃至宜兴唯一一座仍在烧造陶器的活龙窑。

　　2016年，宜兴龙窑烧制技艺被列入江苏省级非物质文化遗产代表作名录。

第二章

［古镇实践］

01
以保为始
规划先行
——2003—2010年随着历史文化名城申报而进行的保护规划

产业变局

丁蜀因陶而生，也因陶而兴。

她的命运注定随陶业的兴衰而起落沉浮。历史上，丁蜀曾一度跻身中国陶瓷主产地之一，后又因原材料等因素的制约而逐渐走向沉寂；三百多年前紫砂的偶然发现，又再一次给丁蜀带来了勃兴，使之一跃成为"中国陶都"。

新中国成立以后，随着国民经济的不断发展，丁蜀也翻开了"陶都"新的历史篇章。不但以紫砂为引领的"五朵金花"独树一帜，丁蜀更是呈现出以工艺陶瓷、日用陶瓷、建筑园林陶瓷和工业陶瓷四大门类为主的全新产业格局。

无可避免的，丁蜀这一时期的陶业发展也深深地带着那个计划经济时代的烙印。20世纪80年代中期至90年代末，整个宜兴市的陶瓷生产主要集中于地处丁蜀镇的江苏省宜兴陶瓷公司下属的30余个企业。可以说，宜兴陶瓷公司的历史就是新中国成立以后丁蜀镇发展的大半部历史。

宜兴陶瓷公司最早成立于1956年，至1986年3月，宜兴陶瓷公司被国家政协经济委员会、财政部列入重点技术改造的大型骨干企业，进而于1988年4月被国家政协经济委员会、计划委员会、统计局、财政部、劳动人事部批准为国家大型企业。1991年12月，经江苏省体制政革委员会、计划经济委员会批复，同意以陶瓷公司为主体，组建省级江苏宜兴陶瓷集团，实行计划单列，由省轻工业厅主管。1992年5月，宜兴陶瓷集团成立，成员企业达108个。至此，以国企为主体的丁蜀陶瓷业走上了行业发展的顶峰。

与这一产业格局深度绑定的还有丁蜀的城市建设。"企业办社会"是20世纪计划经济体制下像丁蜀这样的产业集中地区的普遍缩影。由于陶瓷产业发展良好，在相当长的一段历史时期内，丁蜀的城市建设、居住环境和基础设施甚至普遍优于宜兴市的中心城区宜城。

随着国家的经济体制改革走向深化，国内外陶瓷市场的格局变化，以及面临历史包袱沉重、承担过多社会事务等内部原因，从20世纪90年代中期开始，陶瓷集团下属的国有企业普遍处于经营亏损状态。

1997年11月，宜兴市委、市政府委派由15人组成的"市政革指导小组"到陶瓷集团指导产权制度改革工作，陶瓷集团新一轮的改革拉开帷幕。从1997年9月开始，宜兴建新陶瓷厂、宜兴胜利陶瓷厂等企业纷纷破产。截至2003年底，陶瓷公司下属企业改制基本结束，累计有17家企业依法实施破产，其余企业分别组建股份合作制企业和民营企业；累计分流职工1.33万人。随后的2004年2月，宜兴市委、市政府出台《关于陶瓷公司及其下属企业单位管理体制调整的实施意见》，决定对宜兴陶瓷公司实施管理体制改革：宜兴陶瓷公司及其资产由丁蜀镇托管，其行使的全部职能划归丁蜀镇负责。"江苏省宜兴陶瓷公司"实质性退出历史舞台。

面临困境

紫砂引领的陶瓷产业无疑极大促进了丁蜀的城市发展；但显然，计划经济体制下的单一产业结构也隐藏或拖延了诸多城市发展的问题。受经济转轨、国企改制等诸多因素影响，丁蜀镇的城市建设已显滞后，特别是老城区的基础设施、市容环境等与宜城城区存在较大差距。世纪之交的丁蜀城建所面临的困境主要集中在以下几个方面。

首先，丁蜀镇核心建成区的绝大部分面积曾经分属陶瓷公司的各个下属企业，虽然各自内部有相对完善的城市系统，但若站在统一的城市空间和产业格局上，则暴露出各个片区各自独立，缺乏统一的空间架构，土地使用分散低效，基础设施老化薄弱等诸多问题。

其次，虽然经过了产业体制改革，新老企业和传统的手工坊依然保有较强的市场竞争力，但以紫砂为代表的陶文化缺少在城市层级上的提炼宣传和空间支持，城市面貌单一，文化品位不足。

再次，由于老的历史街区一直以来游离于计划经济体制之外，建设投入明显不足，普遍呈现破败衰落的状态，已经沦为城市中基础设施水平和生活环境质量的洼地；同时，众多历史文化古迹，以及重要的紫砂制作场所也缺少保护与修缮。

最后，由于历史上以产业为重，尤其是陶瓷生产普遍还是依靠传统的烧制工艺，造成空气、水体等自然环境破坏严重。

随着2003年国资退出丁蜀所有企业，经济改制宣告完成，丁蜀的陶瓷产业开始期待着蜕变；丁蜀的城市建设也踏上了转型之路。

转型再生

转型之路如何走？产业发展与城市空间如何协同？城市建设向何目标迈进？一个城市的战略取向通常可以从它的远景规划看出端倪。

1982年起，宜兴开始编制城市发展规划。1988年，完成宜城、丁蜀之间80平方千米和宜城城北13平方千米区域的规划编绘上图工作，并对城市发展的性质、功能等进行分析讨论和实地踏勘，编制完成市区总体规划图，并于1989年、1994年和2002年，完成了三次城市总体规划的修编。

关于丁蜀的定位，在1994年的第四轮修编完成后的《宜兴市城市总体规划（1995—2010）》是这样表述的：宜兴"确定城市性质为中国著名陶都、太湖风景名胜区旅游城市"；而"丁蜀镇为工业基地，发展以陶瓷为主的各类工业"。然而在2003年完成第五轮修编之后，城市发展目标则更加侧重了宜兴的传统文化和山水自然资源，这无疑给城市的转型升级指明了方向。

从以上规划目标的调整可以看出，在未来的城市转型发展的道路上，宜兴乃至丁蜀已经做出了自己的选择——由文化引领城市的发展，加强城市文化品牌建设，注重城市文化软实力的全面提升。各级政府普遍认识到长期积淀形成的城市文化特色是一座城市独有的"魂"，是一个城市与另一个城市区别的标志；也是一座城市行稳致远的最大资源。

然而，作为有着7000年陶文化，2200年置县史，文化家底殷实而富足的宜兴，在全国却并没有与之相匹配的文化影响力，这之间存在着巨大的落差。

同时，在"拆旧建新"的城市快速改造大潮中，诸多具有很高历史文化价值的老建筑、老街区都处在岌岌可危的状态，城市极易丧失过去的文化特色，而使城市容貌走向雷同。

基于以上种种考虑，宜兴市在2006年6月的第十一次党代会正式提出申报"江苏省、国家历史文化名城"（简称"申名"），宜兴由此把"申名"作为城市转型升级的统领性任务。

"名城"制度

中国的历史文化名城保护制度始于20世纪80年代，在当时城市化加速和大规模城乡建设全面展开的背景之下，中国文化遗产保护总体面临着极大压力。

1980年代，全国主要城市纷纷开始进行旧城更新和开发建设，也对文物古迹和历史环境带来了建设性破坏，历史建筑、传统街区被成片拆除改造。

随着改革开放的深入和国际交流的频繁，国外对城市历史环境的保护观念逐渐被中国文物保护和城市规划方面的专家学者所接受，进而提出了保护"历史文化名城"的设想。1981年12月，国家建委、文物局、城建总局向国务院提交了《关于保护我国历史文化名城的请示》报告。1982年2月，国务院批转了这一请示，公布北京等24座城市为首批国家历史文化名城。

2002年10月28日，全国人大常委会第三十次会议修订通过了新《中华人民共和国文物保护法》（简称《文物保护法》）。新的《文物保护法》对旧《文物保护法》进行了全面系统的修改和补充，在完善文物保护单位制度的同时，文保单位以外的不可移动文物也有了一定的法律地位。尤其重要的是历史文化名城、历史文化街区和村镇的保护，被确立了与文保单位同等重要的地位。修订后的《文物保护法》增设了历史文化街区保护制度，规定"保存文物特别丰富并且具有重大历史价值或者革命纪念意义的城镇、街道、村庄，由省、自治区，直辖市人民政府核定公布为历史文化街区、村镇，并报国务院备案"。

2003年，建设部颁布《城市紫线管理办法》的部门规章，从城市规划管理层面强化了对历史文化街区和历史建筑的保护要求，通过划定保护历史文化街区和历史建筑的紫线范围，禁止在紫线范围内发生影响和破坏历史风貌的相关建设活动，突显对历史文化名城整体风貌的保护要求。

2008年4月，国务院颁布《历史文化名城名镇名村保护条例》；同年，《中华人民共和国城乡规划法》（简称《城乡规划法》）相继出台。至此，以《文物保护法》《城乡规划法》等法律为基础，以《名城保护条例》《风景名胜区条例》《文物保护法实施条例》等法规为重要组成的中国城乡文化遗产保护的法规体系已基本建立起来。

其中,《文物保护法》和《名城保护条例》等重要法规,是历史文化名城和城乡文化遗产保护的基本保障,在城乡规划建设过程中必须得到全面贯彻。

丁蜀"申名"

其实早在2003年,受宜兴市规划局委托,东南大学建筑学院陈薇教授及其团队就已经到丁蜀进行历史街区、重点历史建筑的基础调研和测绘工作。

几年之后,为了达成"申名"这一目标,作为宜兴历史文化资源最为集中的镇区——丁蜀镇,展开了力度更大、范围更广的一系列工作:

镇政府十余次协同同济大学、东南大学专家设计组在丁蜀开展"实物遗存排查""保护规划编制"等协调通报、论证方案活动;

组织开展了"名人故(旧)居修复""陶瓷工业窑炉"等7个方面座谈调研;

继续委托东南大学陈薇教授团队进行蜀山古南街保护规划研究,并作为《宜兴市历史文化名城保护规划(2009—2020)》的重要组成部分;

委托东南大学,抢救性保护"葛鲍聚居地历史文化街区"等一批文化遗产;

委托宜兴市规划设计院编制《前墅龙窑芳溪村环境整治规划》,并启动前墅龙窑环境整治工作;

先后编制《宜兴窑址保护规划》《宜兴市蠡河陶批码头地区详细规划》《葛鲍聚居地历史地段及周边地区修建性详细规划》等专项保护规划;

编印《蜀山古南街——世界紫砂之源》画册,启动《蜀山古南街》的编纂工作;

加强陶文化挖掘整理,组织近现代陶瓷工业遗产调研,保护了陶瓷批发码头等一批陶瓷历史遗产;

全面推进文保单位本体修缮和周边环境整治工作;

精心策划了以黄龙山、青龙山矿山(矿井)蜀山古南街、葛氏和鲍氏聚居地、陶瓷批发码头、前墅龙窑等为主线的陶瓷历史文化脉络线,以长乐弘陶庄、紫砂厂陶瓷博物馆、中国陶都陶瓷城为主线的陶瓷工艺传承展示线;

……

2008年11月,宜兴成功跻身江苏省历史文化名城,市委、市政府迅速启动申报

国家历史文化名城，宜兴将"申名"的定位确定为"中国陶都、江南水城"。

2010年6月28—30日，住房和城乡建设部城乡规划司历史文化名城保护处率专家组对宜兴申报工作进行考察评估。评估认为：宜兴历史悠久，文化遗存丰富，完全具备了成为国家历史文化名城的条件。专家组一致同意宜兴市申报国家历史文化名城。

2011年1月27日，中央政府门户网站公布了《国务院关于同意将江苏省宜兴市列为国家历史文化名城的批复》。该批复确认：宜兴市历史悠久，历史遗存丰富，陶瓷文化突出。江苏宜兴市成为自"申名"新标准实施以来，全国首先获此殊荣的城市之一。

历史文化街区

国家历史文化名城的申报条件，其中一条便是所申报的城市应当有2个以上的历史文化街区。这里的"历史文化街区"其实最早是在国务院于1986年公布第二批国家历史文化名城名单时提出的。

提出"历史文化街区"这一概念的意义在于，在"历史名城"和"文物建筑"之间设置了一个中间层次，使得历史名城拥有了保护重点，文物建筑则纳入了保护范围。通过国家层面对历史文化街区管理保护的引导，实现对城市中历史和文物建筑特别丰富区域的重点保护，为整体城市保护和具体文物建筑保护提供了新的思路，也丰富了中国历史文化名城的类型和特色。在具体实践当中，"历史文化街区"的保护成为了历史文化名城保护的重要内容。

宜兴的"申名"，牵涉的"历史文化街区"共有三片，其中的"蜀山古南街"和"葛鲍聚居地"就位于丁蜀镇。而其中的古南街是重要的紫砂文化发源地和传承地，其物质空间本身即是一部展现紫砂发展历程的浓缩历史；同时，与中国其他地区的老街区的境况类似，由于历史久远，街区房屋年久失修、设施落后，其已无法满足现代生产需求，而作为生活性街道又缺乏必要的市政设施，面临改善居民生活品质的极大压力。保护与发展的双重挑战成为古南街复兴再生需要思考和研究的重大难题。

2004年，东南大学建筑学院教授陈薇团队完成《宜兴蜀山古南街历史文化街区保护规划》的编制工作，对于这片历史文化街区"保什么""如何保"等问题的认识，主要围绕着物质形态方面的特色，如街道形态的特色、传统建筑的特色、山水环境及格局的特色等问题。

2009年，应"申名"需要，陈薇团队再次受邀进行《宜兴蜀山古南街历史文化街区保护规划》的编制工作。此版规划，紧密围绕紫砂工业遗产来整合紫砂制作工艺、蜀山古南街传统历史街区、紫砂工业生产场所、紫砂文化发源地，体现了对丁蜀镇城市历史环境更加理性的认识、对丁蜀紫砂工艺的传承更加强烈的关注和对传统工业遗产更加系统的重视和保护。

同一个历史文化街区，两次不同时段的保护规划，为后续的古南街的保护与更新利用奠定了坚实的基础。

蜀山古南街历史文化街区保护规划

项目信息		
编制单位	东南大学建筑学院 东南大学建筑设计研究院有限公司	
编制团队	陈薇	
规划地点	宜兴市丁蜀镇古南街	
编制时间	2003年—2004年（第一版） 2010年—2011年（第二版）	
规划面积	450000平方米 （其中街区保护范围128000平方米）	

蜀山古南街历史文化街区保护规划是作为《宜兴市历史文化名城保护规划（2009—2020）》的一部分进行的，规划在概念上强调将自然山水形态紫砂工艺传承紫砂文化融于历史街区、历史建筑和形态架构载体中，做到保护与利用相结合、历史与现代相结合、物质与非物质文化遗产相结合。

规划以"山、窑、街、河"的物质形态为中心，形成"四区八点一环"的格局，保护蜀山、蜀山窑群、古南街、蠡河之间的历史及产业空间格局。

规划明确了保护原则，包括：

①保护考古信息和历史环境的真实性：最大限度地保存历史遗存和遗迹，从尊重历史、延续历史、传承历史的角度对历史遗存和遗迹进行保护、抢救以及必要的修缮。

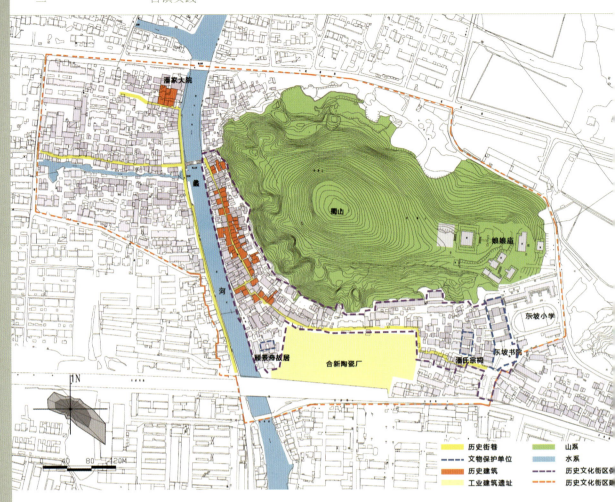

潘家大院

蜀山

娘娘庙

东坡小学

蠡河

顾景舟故居

合新陶瓷厂

潘氏宗祠

东坡书院

N

40 80   420M

	历史街巷		山系
	文物保护单位		水系
	历史建筑		历史文化街区核
	工业建筑遗址		历史文化街区建

②保护紫砂文化遗产的完整性：强调保护的完整性，不仅要保护历史建筑，还要保护构成街区的紫砂文化遗产的所有物质和非物质要素。

③ 保护发展时段动态连续性的紫砂文化遗产地：要针对不同时段的紫砂文化遗产遗存和遗迹进行梳理和保护。

④ 突出紫砂文化与街区的融合性，强调街区独特的紫砂文化属性。

⑤合理利用、可持续发展：通过街区功能的更新、环境及设施的改善，激发街区的活力，实现历史价值、文化价值、社会价值和经济价值的可持续发展。

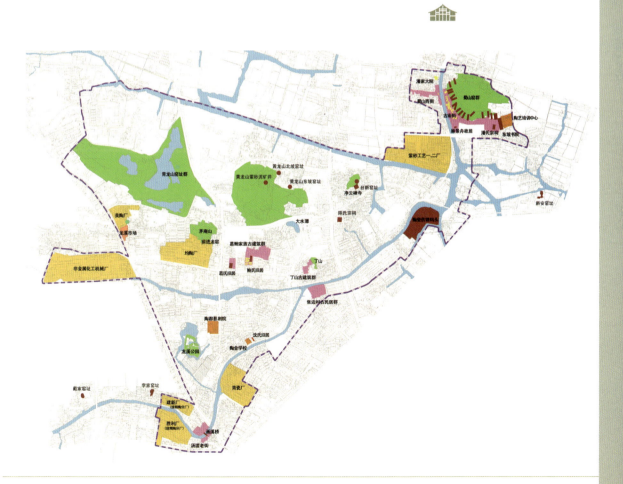

02
以点切入
成果初现
——2011—2016年蜀山古南街
保护更新实践

2011年是"十二五"计划的开局之年，又恰逢年初宜兴成功获得国家历史文化名城的称号，因此在宜兴市"十二五"规划报告中，明确提出了以"建设'现代产业城、生态宜居城、知名旅游城、和谐幸福城'为主要内容的太湖西线第一城市为目标"；并且在工作规划当中，丁蜀镇的城市建设作为"十二五"期间宜兴全市建设的重点板块。

丁蜀镇按照建设宜兴中心城区的标准和要求，坚持"城市、产业、生态"三边互动理念，充分发挥区位、山水、人文等优势，突出"中国陶都"特色，加快高铁新城、丁蜀新城和历史文化名城保护规划的调整优化，体现"中国陶都、东方水城"特点，实现与宜城主城区的无缝对接。

在此目标指引下，丁蜀掀起了新一轮的城市建设热潮。

在此期间，丁蜀镇加快推进旧城改造工作，完成多个老旧小区改造和"平改坡"

工程；陶都新城规划、陶瓷产业园东扩规划、陶文化创意产业规划以及高铁新城规划基本完成，各类详规控规编制速度加快；白宕河沿岸、大水潭周边、龙溪公园配套夜间景观亮化工程基本完成。城市功能得到优化，旧城面貌加快提升。

聚焦古南街

与丁蜀镇其他区域城市建设热火朝天的场面相比，镇政府对于以蜀山古南街为代表的历史街区改造工作却表现得相当冷静。因为大家深知，作为丁蜀历史最悠久的古南街，千百年来一直承载着丁蜀紫砂文化的灵魂，无疑是丁蜀的文化核心区，它的改造不能不审慎。从某种程度上讲，它的改造更新成功与否决定着丁蜀城市面貌转型升级的成败。

古南街是重要的紫砂文化发源地和传承地，顾景舟、徐秀棠、徐汉棠、毛顺兴、毛国强、谢曼伦、曹婉芬等大师均曾在此生活和创业，是紫砂大师诞生的摇篮。在此出生成长的徐秀棠大师曾在《中国紫砂》一书中写道，"蜀山南街是前清到1957年间紫砂陶的窑户集中烧造、销售的基地，街上的南北杂货店、药房、粮行、陶货店密集，是蜀山一带居民购买生活必需品和做小买卖的地方。窑户多在南街有自己的门市，在这里收坯、加工，然后在蜀山南坡的龙窑烧造，再由木船经蠡河，驶入太湖运往全国各地"。

古南街形成于宋代之前，明代随着匠户制的解体，陶瓷产业有了迅猛发展。由于蜀山临水且与矿源地黄龙山相距不远，山体坡度适宜建造龙窑，蜀山龙窑开始逐步出现，大小窑户应运而生。此时的南街，前店后坊，自产自销，街巷格局形成于蠡河与蜀山之间，山环水绕，甚为繁华。清末，蜀山大桥的落成分出了南街、北街、西街。南街成为紫砂陶集中烧制、营销贸易基地和生活服务中心，蜀山龙窑里出产的各类紫砂陶制品由蠡河经太湖运往全国各地。

难能可贵的是，古南街今天仍然云集了大量名人故居、商铺和作坊类的历史建筑，保留着活态的紫砂制壶工艺传承的社会关系和师徒工坊，拥有目前国内已非常稀缺的非物质文化遗产的真实传承人和传承地，呈现出紫砂壶创作、学艺、制作、展示和销售的整体过程。丁蜀镇除了具有潘家祠堂、东坡书院、常安桥等文保单位以外，古南街本身坐落有经挂牌认证的名人故居和陶器店旧址共32座。因此，古南街在物质空间上本身即是一部展现紫砂发展历程的浓缩历史。

经过1950年代的集体化改造，丁蜀镇成立了蜀山陶业生产合作社，开始工厂化紫砂生产，南街曾经一度演变为生产生活的服务区。1980年代至今，随着紫砂收藏热的兴起，南街及其周边出现了大批个体紫砂作坊，紫砂器的制作又恢复了当初个体创作的模式，古南街重新成为生产与生活的双重载体。但此时，与中国其他城市的老街区遭遇类似，由于历史久远，街区房屋年久失修、破败残缺、设施落后，南街已无法满足现代生产需求，而作为生活性街道又缺乏配套的现代市政设施。古南街失去传统魅力的同时，也面临改善居民生活品质的压力，保护与发展的双重挑战就成为古南街复兴再生需要均衡思考和研究的巨大难题。

有机更新

古南街这一类当代城镇之中的传统古建聚落，面广量大，是中国主要的"活态"遗产类型之一，并且大多数今天仍在使用，对其保护和利用乃是一个世界性难题。

历史文化街区的保护是历史文化名城保护的重要内容。1986年，国务院公布第二批国家级历史文化名城时，针对历史文化名城保护工作的不足，正式提出保护历史街区的概念。经历了近三十五年的探索，人们对历史文化街区保护的认识大概经历了三个阶段。

第一个阶段主要是围绕文保单位，对重要的建筑遗产实施保护、对街区卫生环境进行整治，使得街区环境得到改善并达到游览性的目的。这个阶段主要关注的是文保建筑、历史建筑、街区环境。

第二个阶段是随着前一阶段历史文化街区改造带来的旅游收益，人们关注到商业功能的巨大潜力，因此，功能置换成了这一阶段考虑街区复兴的主要措施。

第三个阶段，随着功能置换的泛滥，这种保护模式使得街区渐渐失去了原有的历史气息，而一些为古而古的假古董随之泛滥。人们开始重新思索历史文化街区保护中核心的问题。人们的认识受到人本主义思潮的影响，回到了对历史街区中原住居民生活方式的关注，因此，市政改造、居住建筑的修缮成了这一时期关注的重点。

以上三个阶段一定程度上显示出中国历史文化街区保护递进式的发展过程，随着人们认识及经验的提高，正在形成不断完善的保护体系；在这个过程中也引出了对于历史文化街区"死保"和"活保"的讨论。

所谓"活保"就是指"活态保护"：一方面要求保留传统的建筑肌理和居住结构；另一方面，保留传统的社会形态，如邻里关系、社区组织等。鉴于历史街区作为文化遗产，不仅是老房子等物质传承，还有街区生活形态等活态的传承。

目前国际上把历史文化遗产分为两部分，一是物质文化遗产，二是非物质文化遗产。在人类历史的转型期间，能将前一阶段的文明创造视做必需传承的遗产，是进入现代文明的标志之一。但这个进程的时间并不长，只有短短几十年时间。从国际性的《雅典宪章》（1933）、《佛罗伦萨宪章》（1981）到联合国教科文组织的《保护历史城镇与城区宪章》（1987）和《保护非物质文化遗产公约》（2003）等可以看出，国际社会最先关注的是有形的物质性的历史遗存，主要是小型的地下文物到大型的地上的古建遗址等，后来才逐渐认识到历史街区和古宅所蕴含的人文价值。

历史街区之所以被称为活的历史文化遗产，很重要的一点在于生活的延续性。而这种生活要想延续下去，一个是要使街区居民生活得到改善，包括物质生活和精神生活；另一个是历史文化要通过原住民得到继承与传播，牵涉经济、文化等各个方面，内容丰富，也很复杂。而留住原住民无疑是对历史街区的最好保护。

"丁蜀镇的更新必然是与传统产业的保护和延续紧密联系在一起的……假设我们把这条街上的居民都安置他处，对这里进行翻新的改造，那等于抽去了丁蜀镇的灵魂，再花费巨资去修缮一条空的古街对丁蜀镇来说将毫无意义"，时任丁蜀镇副镇长伍震球这样表述。因此，经过慎重考虑，丁蜀镇决定采用以公众参与为核心的"有机更新"模式改造古南街。

公众参与

历史地段的更新中各参与主体的利益诉求并不相同，实际就是一个多主体之间利益博弈的过程，主要涉及政府、居民、专家等，有时还会有开发企业参与其中。

这场博弈的主导者通常是政府，而背后的推动力量是市场，相比之下居民的力量弱小，较为被动，往往不能实现与政府的有效沟通。专家是历史地段保护的呼吁者，但有时却未必能有效参与到更新的过程当中。

为了落实真正的公众参与，镇政府专门在古南街设立现场办公室，邀请东南大学团队和政府一起，每天和老百姓不断地打磨。以往的工程项目流程通常是：业主委托设计单位做方案；然后编制各阶段图纸以及最终的施工图；再进行预算编制、招投标等一系列后续流程。但是古南街的实践打破了这一惯常做法，虽然工作做得很慢，时间跨度很长，但这一整体系统的推进，最终形成了"政府引导、居民参与、专家团队把关"的模式。在此过程中不存在一般意义上的委托方或发包方，而真正把老百姓作为业主，当做主人。

性能化保护

历史街区适应性保护改造的关键在于是否能够确保历史街区和建筑形态呈现的完整性，以及对于所在城市和地区在体验感知上的独特性。但在目前的具体操作层面上，保护改造街区仍然是依据现代生活需求制定的各类城建规范和标准，特别是在交通、日照、市政和防灾等领域。既有规范和标准在针对历史街区方面存在两方面的问题：一是面向多样化的保护对象有时缺少实施的可操作性；二是历史文化保护要求与基于现代生活制定的各类规范要求间存在冲突。

2013年，东南大学建筑学院教授、中国工程院院士王建国团队承接了科技部"十二五"国家科技支撑计划项目及课题"传统古建聚落适应性保护及利用关键技术研究与示范"的研究，并把古南街选作示范性项目的实践基地。项目基于性能化保护的基本原理，开展了古建聚落（广义的历史街区）保护改造以及利用新模式的科学研究和实践示范。

"性能化保护"所针对或弥补的是指令化规范与设计，即详细规定参数和指标，以及从规范中直接选定具体参数与指标解决设计的不足。性能化保护主要针对的是历史街区的具体保护与社会发展目标，并以性能需求为核心，适度灵活地综合运用交通、消防、市政、热工、规划和设计等已有技术，以解决历史街区整体格局和风貌保护要求与现代城市生活需求之间的矛盾。

成果初现

在丁蜀镇政府和当地居民的共同参与下，东南大学设计团队先后完成了"蜀山古南街旅游与功能策划""蜀山古南街历史文化街区建筑立面整治与风貌提升""宜兴蜀山古南街管网改造工程"等具体实施导则与设计方案。

古南街的民居建筑大多数属于私房，尚有大量原住民生活其中，因此，此类历史街区绝不可以采用一体化整治或大面积拆建的改造方式。设计团队坚持小规模、渐进式的改造和创作理念，贯彻原真性、完整性和适应性活态利用相结合的原则，首选公房和关键节点作为古南街风貌保护与提升的示范工程。

2012—2019年，设计团队对街区内的诸多节点进行了建筑 / 景观一体化改造设计，主要包括入口广场、张家老宅改造、蜀山展厅、得义楼茶馆、水龙宫、曼生廊和T字房、桥西建筑立面改造、西街建筑改造等工程，收到了社会各界的良好反响。

古南街保护改造的探索和实践取得了显著的综合效益。在经济效益上，避免了大拆大建带来的浪费，强调技术的适宜性和合理性；在社会效益上，有助于保护街区风貌，彰显其内在历史文化价值，稳定原住民并为合理开发利用奠定基础。小规模的渐进整治和改造的"古南街模式"规避了当前中国对于传统古建聚落普遍采用的大规模、商业化改造存在的突出问题，具有历史文化传承、科技进步引领、财政投入可控、符合居民需求和实施运维可持续等明显优势，适合错综复杂的历史街区活态的社会现状，在中国具有普适性的示范价值和意义。

2017年，古南街保护改造案例应邀参加

26届世界建筑师大会(UIA)中国区代表作品（更新类）展（韩国首尔）。同年，古南街案例作为应用示范支撑的"传统古建聚落人居环境改善关键技术研究与示范"获华夏建设科学技术一等奖。

目前，街区建筑和空间节点的修缮与改造还在持续进行中。

已建成组团
已完成设计组团
原有建筑
保护规划范围

通蜀路
蜀山
东街

传统古建聚落适应性保护及利用关键技术研究与示范

项目信息		
研究单位		东南大学建筑学院 东南大学建筑设计研究院有限公司
研究团队		王建国
实践地点		宜兴市丁蜀镇古南街
编制时间		2012年

基于聚落形态整体性的性能化保护规划编制是指导历史街区保护与合理利用的关键科学问题之一。良好的建筑舒适环境是使用者宜居生活的客观要求,历史上传统民居建筑低成本的物理环境控制技术措施在当代持续受到关注。如何在保持传统工艺技术特色的基础上,综合改善室内外环境,同样是历史街区适应性保护和功能提升的关键科学问题。

针对历史街区中建筑的更新改造主要从两个层面展开:一是由政府和开发业主主导的"自上而下"的规划保护和整体改造;另一个是居民对建筑性能改善的"自下而上"的自发性局部改建。

"自上而下"的规划注重传统聚落或建筑群整体风貌的保护和改造。通常,个体房屋的改造需要服从历史街区保护的整体要求,并受到街区整体形态和风貌保护的制约。但有时"运动式"的传统风貌整体"出新"反而切断了街区历史成长的时间年轮,乃至不可阅读。这种规划方法对建筑单体性能提升和居民活态生活关心较少,常常难以满足居民改善生活的实际需求,

屋面破损　　　　木窗残破　　　　木屋架腐烂　　　　墙面潮湿

楼梯过陡　　　　窗洞被封堵　　　　庭院加建后拥堵　　　　开口不利疏散

做不到历史街区的活态再生，有时还会加剧社会矛盾。

"自下而上"的居民自发改建根据居者实际的维修改善和生活 "现代化"提出改造需求，合情合理，但若采用方法不当，如随意改变外观、拆墙打洞、私接水电、加装空调和防盗窗等，不仅会造成安全隐患，而且会对历史街区建筑风貌造成破坏。

因此，如何在传统历史街区的保护、改善、发展等多目标需求间取得可接受的平衡是保护规划编制中的突出问题。适应性保护改造是二者的契合点，既符合历史建筑保护更新的总体原则，又具有实际操作的现实意义。

张家老宅改造

项目信息		
设计单位		东南大学建筑学院
		东南大学建筑设计研究院有限公司
设计团队		王建国，李家翔，穆保岗，吴雁
建设地点		宜兴市丁蜀镇古南街
设计时间		2015年7月—2015年12月
竣工时间		2017年1月
基地面积		77平方米
建筑面积		85.5平方米
结构形式		木结构

张家老宅地块位于古南街南端，背倚蜀山，面朝南街入口广场，具有开阔的景观视野和良好的建筑展示面。建筑整体风貌为江南民居，结构形式为古南街常见的砖木混合结构，立面较封闭且沿街面采取与相邻开间相似的门窗处理。建筑原为居住结合紫砂加工作坊，建筑的首层用于紫砂手工艺品的加工，北侧二层作居住之用。原有建筑空间局促，房屋破烂，结构与物理性能堪忧。设计者根据功能定位、建筑结构性能和物理环境提升等需求，提出建筑的改造方案。

根据建筑在古南街入口处的显要位置，其新功能定位为以紫砂文化交流和展示为主兼具茶室、书吧的公共建筑。改造设计采用化零为整的手法，面向中庭的门窗全部采取通透式且可开启的处理模式，将空间变成一个整体，增强了空间的流动感，实现了不同功能单元之间的对话。建筑的南侧面改造为交流和展示紫砂的公共展厅。北进首层用作茶室，南侧面向院落的视线可以直接穿通，北侧靠山一侧置入卫生间功能，楼上为茶室与书吧，可用于开展书法茶艺等文

化活动。改造后的建筑南侧有直接观望南街入口广场的开阔视野，北侧开窗即有蜀山的景色映入眼帘。将庭院中加建的厨房拆除，并将南北两进建筑墙体后退，形成尺度宜人的院落空间，院落内局部布置绿化并植树一株，营造树影斑驳的意境。

建筑沿街界面的处理考虑到与相邻开间的相似性和连续性，仅对其门窗洞口的尺寸及开窗样式进行推敲。而在山墙面，南侧结合展示功能拆除局部砖墙，将内部木屋架展露出来，并在屋架间设计通透的玻璃窗，将传统建筑内部的"骨骼"与外在的"皮肤"之间的关系真实地呈现出来，通过木构架、钢框与玻璃形成传统与现代的和谐对比。

改造过程始终关注既有建筑的结构安全性与性
能化提升。设计团队研制了针对该建筑的联
体——共生结构的建筑加固补强技术措施，确
保了保护改造的安全性和与毗邻建筑的结构整
体性。对建筑的墙体屋面结构进行适应性改造，
有效地弥补建筑围护结构隔热性能的不足。同
时，空间操作上的一系列手段使得建筑的自然
通风和自然采光效果都有大幅提升。

蜀山展示馆

项目信息	设计单位	东南大学建筑学院
		东南大学建筑设计研究院有限公司
	设计团队	鲍莉，袁成龙，施剑波，王琳嫣，
		穆保岗，钱程，吴雁，龚曾谷
	建设地点	宜兴市丁蜀镇古南街
	设计时间	2015年7月—2016年4月
	竣工时间	2017年1月
	基地面积	216平方米
	建筑面积	210平方米
	结构形式	木结构

地块临近丁蜀镇古南街片区的主入口，东邻老街，西临蜀山蠡河，处于街区更新项目中河街之间的核心地块，也是启动地块之一。地块内有10处或独立、或联体的屋子需要改造，与其余民宅交织共存，总体处于半出租半空置的状态，部分已倾颓。项目采取渐进式、镶嵌式更新设计策略，以保护传统聚落的整体空间格局、织补文脉肌理为前提，对重点节点进行空间及环境整治，对传统典型民居进行功能及性能提升设计。

首先，通过实地调研考察，对既有3块较大的空地进行整体梳理，拆除违建，打通通路，清理堆砌废物的消极空间，充分挖掘空间潜力，结合保留树木，打造沿河广场、街角广场和生活广场3处景观活动节点，从而激活场地，打造丰富的公共空间形态类型，带动整个沿河沿街公共空间系统的更新提升。

其次，更新设计结合整个街区的总体城市设计、该地块建筑现状条件，从功能策划入手，在现

有居住之外引入新的功能业态，对应不同建筑置入一系列公共服务、文化及小型商业设施，如文化展示馆、陶工作坊、茶室、公共卫生间、民宿等，以期完善配套功能，改善生活环境，提升居住品质，激发传统街区的活力。

最后，对既有结构体进行修复，加固或更换损坏严重的部分，对围护结构进行物理性能的提升，同时对室内和院落空间进行整体设计。

蜀山展示馆是其中的代表性建成作品，建成后已然成为街区的活力中心，经常举办各类居民自发组织的开放性展览和活动。该馆由3栋体量较小的民居整合构成，设计兼顾面向广场与临街的主次入口，通过广场及两个院子把3栋建筑整合一体，重新建立空间秩序和视线关系，

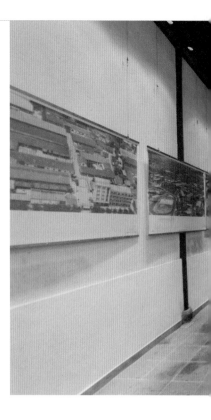

保留旧有空间和结构痕迹的同时，创造出开放通透、层次丰富的展示游览性空间，进而提高了既有建筑的结构安全性，通过重塑坡屋顶使建筑顺应街巷肌理并与邻为善，通过屋顶规范的构造措施改善建筑整体物理性能，以提高空间使用的舒适性。

得义楼茶馆

项目信息		
设计单位		东南大学建筑学院 东南大学建筑设计研究院有限公司
设计团队		李海清，王琳嫣，余君望
建设地点		宜兴市丁蜀镇古南街
设计时间		2016年9月—2016年12月
竣工时间		2017年3月
基地面积		105平方米
建筑面积		195平方米
结构形式		木结构，青砖空斗墙

得义楼茶馆位于古南街中段，所用房屋为宜兴市"历史建筑"。经踏勘现场可知，老屋临街仅一开间，却有三进两院，显得很幽深。建筑两侧挤挤挨挨排满传统民居，颇不起眼。其改造设计的核心问题便是：在整个项目既定的风貌保护和性能提升目标定位之下，究竟该从何处入手，对这种江南村镇司空见惯的、身为"历史建筑"的老屋做出适宜响应？该采取何种姿态响应？显然，将项目设计定位于"修复"和"活化"，基于现状空间组成和建造体系加以整饬、梳理才是较为明智和得体的做法。

一是顺势而为，尽可能利用原有空间格局。委托方确定项目功能为茶室，主要面向当地居民日常休闲，兼顾外来访客需求。故此，其改造设计应基于现状空间格局做文章，维系其原有建造体系，而非大拆大建。较大规模的茶馆常设有演艺空间，此处恰可顺应第三进的室内地坪抬升，而做出相应的合理安排，其尺度尚可容纳评弹之类的地方曲艺表演，现已成为群众性文化娱乐活动场所，颇受欢迎。

二是沉浸于日常生活，有节制地烘托出熟悉的陌生感。茶馆室内空间形式感的定位须仔细拿捏：新奇？传统？或游离于其外？或介乎其间？经慎重考虑，设计采用后者，这是因为本地居民多为中老年人，而游客普遍来自城市，新、快、高、强等其实并无多大吸引力。之所以造访古村镇、历史街区，其实是更希望感知传统文化底蕴。故此，设计直接沿用江南传统民居抬梁木构之室内空间白底线描的简约禀赋，而对于灯具等设备选型、室内陈设以及庭院景观，还是力求体现立足于"此时此地"的价值观与诉求，烘托出一种有节制的、熟悉的陌生感。

三是融入中国营造传统之易建性智慧的环境调控技术。建筑性能提升方面，注意融入中国营造传统智慧。这些常规改进措施，折射出传统中国人饱含环境调控之易建性智慧的平常心，正像茶馆里那只内置茶壶和棉胎的木壳保温桶一样。

曼生廊和T字房

项目信息		
设计单位	东南大学建筑学院	
	东南大学建筑设计研究院有限公司	
设计团队	唐芃，吴浩东，俞海洋，杨波	
建设地点	宜兴市丁蜀镇古南街	
设计时间		2018年3月
竣工时间		2019年3月
基地面积		572.6平方米
建筑面积		288.5平方米
结构形式		木结构

曼生廊和T字房本为两处并不相连的建筑组团，但它们的位置都紧靠蜀山，两个组团中间为建筑垃圾和碎陶片的堆积区，杂树丛生。每一个建筑在它自发生长的过程中都有自己的故事，设计师初到场地上感受到的气氛是建筑改建的灵感来源。曼生廊的基地是一处隐在街道内侧、从主街上无法感知到的传统民居。房屋的主人靠着蜀山由陶罐堆砌起来的一个小宕口，使建筑容身其中并拥有一处小小的花园。穿过极窄的支巷走到里面竟有一种豁然开朗的感觉，也有壶中天地的自在。这里原本叫杨家花园，是当年紫砂大师杨彭年兄妹与陈鸿寿（字曼生）交流切磋书画和研讨制壶创新的地方，据说"曼生十八式"的茶壶经典形态就是在这里逐渐诞生的。T字房，顾名思义是一组丁字型的建筑，与杨家花园有着截然不同的风格。T的那一竖是连接主街的一个极小的门廊。穿过门廊进入一个院子，面对着一个三开间两层砖木结构的建筑，和与其连接的用混凝土板沿着山体随意搭建的一组房屋。厨房、厕所、楼梯等均在主要空间中强行切割和设置。在房子里面七拐八绕后能通到蜀山上的环山小径。这是一处为了

争取更多居住空间而经过多次增改所建的民居，拥挤、昏暗狭小，空气污浊，但玻璃窗上褪色的红喜字和鲜艳的蚊帐又讲述了曾经发生过的新鲜趣事。

两个场地无论是空间还是历史，都是有故事的。

这两组建筑的改造任务同时进行。在统筹考虑之后，设计师决定打通两处建筑中间的垃圾堆场，形成从曼生廊到丁字房的连续空间。设计中，设计师最关注的是将场地上感受到的气氛通过建筑改建的手法还原出来，为此杨家花园独有的自在天地的气质，和丁字房空间复杂、内外迂回贯通的特点在设计中刻意保留了下来。房屋的主人已经搬走，功能上将由居住转变为公共空间。杨家花园设计为陈曼生纪念馆，提供临时集会和展览的空间：丁字房定位为可出租的小型茶室或私人紫砂工作室。其他相连接的辅助部分为公共休闲空间，均可从通往山上的廊子或者从连接主街的巷道出入。考虑到管理上的方便，这些廊子与巷道在空间上可以与建筑完全分离进行管理。

曼生廊的建筑设计为南北通透的形式，当北侧的门扇全部打开时，建筑的内部通过一道檐下空间与宕口围合出来的小小院子融为一体，重现杨家花园的气息。T字房这一侧，保留了内外均可上楼的通道，因营业时间关系在建筑内部空间不可进人的情况下，通过外跑楼梯可登上二层的观景回廊，可以望向曼生廊或更远处，从这里也可以上山。

建筑主体结构均沿用当地砖木混合方式，保温隔热、防火性能等依据现有规范进行设计。为方便窄小场地的施工，地面浇筑所需混凝土均在古南街西侧较为开阔的场地上拌好，用小手推车推运进现场；建筑木构件均预先完成工厂加工再运至现场拼装；施工时间短、效率高，充分发挥了传统建筑装配式建造工艺的优势。

古南街改造更新中的三个案例

水龙宫便民设施

设计单位	东南大学建筑学院
	东南大学建筑设计研究院有限公司
设计团队	沈旸，俞海洋，杨波，张丁，
	郎烨程，王雨墨
建设地点	宜兴市丁蜀镇古南街
设计时间	2016年9月—2016年12月
竣工时间	2017年7月
基地面积	464平方米
建筑面积	139平方米
结构形式	传统木构，砖木结构

西街民宿

设计单位	东南大学建筑学院
	东南大学建筑设计研究院有限公司
设计团队	沈旸，毛聿川，方兵，吴羊，
	詹磊，金涛，沈立
建设地点	宜兴市丁蜀镇西街街
设计时间	2013年5月—2017年5月
竣工时间	2018年5月
建筑面积	德器道（工作室）30平方米
	古方茶食（餐厅）140平方米
	今元斋（土灶厨房）27平方米
	西肆（民宿）155平方米

练泥池茶室

设计单位	东南大学建筑学院
	东南大学建筑设计研究院有限公司
设计团队	沈旸，俞海洋，沈华，
	范燕亮，李康，刘庆堂
建设地点	宜兴市丁蜀镇古南街
设计时间	2016年9月—2016年12月
竣工时间	2017年7月
建筑面积	42平方米

通过水龙宫便民设施、西街民宿以及练泥池茶室3个案例可以清楚地看到，即使位置、形态、功能等不尽相同，却分享着十分接近的策路，即每一处建筑都不会被看成孤立的局部，而是被视作以古南街为骨架，通过不同方式连结成的血脉。

在某种程度上，作为物质文化与生活环境的喻象，制陶与街巷似乎可以被视作承载时间的容器。在设计中追溯传统，便不再局限于对历史的还原，并且会更多地和私人化的想象交缠在一起。那么，在当今的现实条件下对古南街空间的重新塑造，它试图回应的问题的本质究竟为何？对此的思考，贯穿在建筑师以及所有参与者的具体实践当中。

基于现实需求，水龙宫便民设施、西街民宿、练泥池茶室确定了各自的功能。它们可以被分别理解成现代意义上的交通、食宿、社交空间，却一致援引了历史中的原型，使用了相对传统的营造技术。

过去的水龙宫位于南街北端，原是民国时期的救火站，在旁边的旧建筑损毁后，被一并改造成一组便民设施，包括小卖部、公共厕所，以及一条登上蜀山的步道。在拆除原有建筑以后清出的空地上，两间错落带檐廊的坡顶房子和长直的通廊，沿山势跌落，直抵水面，构成了水龙宫便民设施最醒目的特征。山、水、树、路、桥、窑，以及"水龙"的称谓触发了遐想，这不在于字面的附会，而在于顺地形起伏摆动的意象。设计工作从不同的维度分别回应：一方面，拾级而上的屋顶折线强调着标高的变化；另一方面，在临水尽端高起的屋顶暗示出道路的转折，就此形成"水岸云梯"的节点，既整合了不同来向的交通，又分解出生动活泼的建筑形态。

这也为我们调用历史原型提供了条件，比如，在廊道中段陡然掀起一段单坡，碰上旁边的房子，就此标识出从蜀山走入街中的边界。类似的意识在水边廊亭的处理中更为显著，可以看作对徽州西溪南村"绿绕亭"的重现，尽管有披檐和座靠等要素的复刻，但最主要的考虑并非形象，而是空间。它触发了身体的穿越、转向和停顿，同时也在视觉上提供了下山廊道在尽端处的收束，以及水岸桥头在汇合点的切换。

在一个给定的通道功能的条件下，水龙宫便民设施整合着各种空间片段。历史原型特有的形式特征贴近着人们对传统小城镇风貌的印象，但事实上，这个地方的意义已经转变。在它出现以前，因为道路的转折和大桥的指向，这里往往被视为南街的终点；在它完成以后，却因为显著的标识性吸引着更多人穿过廊亭，继续向前一探究竟。

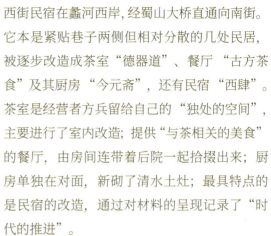

西街民宿在蠡河西岸，经蜀山大桥直通向南街。它本是紧贴巷子两侧但相对分散的几处民居，被逐步改造成茶室"德器道"、餐厅"古方茶食"及其厨房"今元斋"，还有民宿"西肆"。茶室是经营者方兵留给自己的"独处的空间"，主要进行了室内改造；提供"与茶相关的美食"的餐厅，由房间连带着后院一起拾掇出来；厨房单独在对面，新砌了清水土灶；最具特点的是民宿的改造，通过对材料的呈现记录了"时代的推进"。

民宿"西肆"的主体是普通民宅，街巷的记忆是这里试图营造的感觉，设计改变了原先的进入方式，以一条窄长的过道激发着路人的好奇心。两侧墙体的材料被刻意显露，一边是裸露的红砖，一边是通透的多孔砖。无论是白天投进室内的斑驳光影，还是夜晚照向室外的灯火，建成的效果都让人们感到兴奋；同样富有意味的是，"从小灰砖到机制红砖再到水泥多孔砖"，几种材料的层叠或并置诉说出的年代感：这是对"过去"的保留，"代表了时间，代表了历史与文化"。

练泥池茶室位于古南街南段，原状是一幢坍塌的三开间住宅，以支巷与外部相接。它和对面房子之间留有开阔的空地。原址上大部分建筑已经损毁，仅在相邻房屋的外墙上留下屋顶折线的痕迹。

但是，随着对场地的继续调查，又有另外的发现。土层中掩埋的条石台阶暗示出，原有建筑正中的开间可能在更早的时期属于室外，这直接改变了改造的方向。恢复三开间格局的想法被放弃了。而是将房屋中段处理成院落，引入景观使空间更显开阔，也可以让场地蕴涵的丰富信息清楚地呈现。为了削弱山墙带来的狭缝感觉，在中间置入一片方形水体，两边分别添加带座靠的檐廊，彼此相望。由此可见，练泥池茶室对 "水院"意象的援引同样不是预设的仿古，而是根据实际条件的变化作出调整的结果。

纵观 3 个案例，传统的风格从来不是问题的核心；历史原型，与其说是一组通约的形式特征，毋宁说是一套经过长期积淀并接受了时间检验的空间模式语言。形制、材料、构造等营造表征，固然指涉着原型在演变过程中的连续性，但更应该意识到，其中蕴涵的根植于在地经验深处的极强的适应性。这种潜力，不仅能够契合建筑师应对具体设计条件的要求，有时甚至能够超出最初的设想，在不同的社会场景中得到继续的发掘，足以贯穿在从设计到使用的整个周期之中。

03
连点成线
万坊兴城
——2017—2022年的特色小镇的全面建设

2016年10月14日，丁蜀镇入选第一批中国特色小镇名单。第一批名单之上的127个小镇是住房和城乡建设部在各地推荐的基础上，从全国范围的4万多个乡镇中初选，后经专家复核，由国家发展改革委、财政部以及住建部共同认定得出的。江苏省入选名单的有7个，丁蜀镇就是其中之一。

2016年底，由中国传媒大学、新华社新媒体中心、人民网、新华网共同主办的"中国文化年度盘点网络直播跨年盛典"在北京举行。这次活动进行了2016年中国文化产业年度盘点并发布了一系列评选奖项，其中在"2016中国最具文化价值特色小镇"的榜单上，丁蜀镇位列其中。本次"2016中国最具文化价值特色小镇"评选由《环球时报》与中国传媒大学经营学部共同发起，候选特色小镇近200个，包括国家发改委、财政部和住建部共同认定的首批中国特色小镇，住建部和国家文物局共同认定的中国历史文化名镇名村，以及省级特色产业小镇等。评选历时两个月，评委会综合专家及媒体评审、网络投票，最终选出了12个"2016中国最具文化价值特色小镇"。

丁蜀获得"特色小镇"的称号，适逢中国在国家层面全面推进特色小镇建设之始，其中透露出重大的政策信号，我们有必要回溯一下"特色小镇"政策的发展脉络。

特色小镇

特色小镇的概念体系形成时间不长，是由小城镇——特色小城镇——特色小镇逐渐演化而成。1996年，特色小镇开始出现在政府文件或工作报告中，江苏省昆山市发布《加快新型城镇建设促进经济发展》(1996)，其中指出"积极探索小城镇建设上规模、上档次、健康发展的有效途径，逐步形成了一批功能独特、风格各异的特色小镇"。随后，北京、天津、黑龙江、云南等省（市）也推出了与"特色小镇"建设相关的政策文件，而赋予其明确定义的文件则是《浙江省人民政府关于加快特色小镇规划建设的指导意见》(2015)和《国家发展改革委关于加快美丽特色小（城）镇建设的指导意见》(2016)，前者强调"特色小镇是相对独立于市区，区别于行政区划单元和产业园区，具有明确产业定位、文化内涵、旅游和一定社区功能的发展空间平台"，后者主要区分了特色小镇和特色小城镇的不同属性，指出特色小镇是集聚特色产业和发展要素，不同于行政建制和产业园区的创新创业平台；而特色小

城镇是以传统行政区划为单元，具有一定人口和特色产业规模的建制镇。这两份文件较为具体地描述了特色小镇和特色小城镇的行政归属和主要功能，对于特色小镇建设的实践活动具有重要的指导意义。

2015年底，习近平总书记在中央财办《浙江特色小镇调研报告》上做出重要批示，强调"抓特色小镇、小城镇建设大有可为，对经济转型升级、新型城镇化建设，都大有重要意义"。自此，浙江经验在全国范围内引起广泛关注和重视。

2016年，国家发改委、住建部、财政部三部委联合发布了《关于开展特色小镇培育工作的通知》，提出到2020年培育1000个左右各具特色、富有活力、类型各异的特色小镇，全国上下掀起了特色小镇建设的热潮。

凤巢同筑

特色小镇起源于浙江，主要是为了应对其块状经济的创新能力与动力不足、发展模式滞后的困境。块状经济是指以轻工制造某一行业或其中一环节中大量企业集聚为标志，以模仿加工与大规模生产、专业市场营销为盈利模式的一种经济形态。例如义乌饰品、上虞伞业、慈溪小家电等。由此可见特色小镇往往起源于经济发达或者较发达的地区，是由其内生动力自发形成的、具有一定产业特色与规模的小城镇。

中国以往的城镇发展模式，无论是传统的城镇规划还是产业园区的规划，莫不是优先完善空间设施配套，而后进行招商引资，大部分产业都是不确定的，先有"巢"后引"凤"，也就是所谓"筑巢引凤"。而特色小镇是以产业为核心的特定区域，强调"产业引领"，产业是确定的，然后针对产业特点进行空间设施配套，是在产业"凤"引领的条件下，完善空间配套的"巢"，并进行产业（凤）升级与优化，"凤"与"巢"同时建设。

丁蜀之所以能够跻身国家第一批"特色小镇"名单，同样是基于对自身城镇化发展道路选择的深思熟虑。丁蜀的特色小镇建设不再是利益驱动下的"造城运动"，而是可以进行区域性空间再造和集聚高端要素的创新创业平台，是可以创造内生发展动力和提供品质小镇生活的新型空间组织形式，是可以实现产城人文融合发展的重要平台。

产业是特色小镇建设的基础，因此发挥经济功能是小镇建设的首要目标。丁蜀人很早就从产业提升的角度研究历史城区的发展问题。从两千年初开始，丁蜀镇就邀请包括东南大学的专家与教授持续为丁蜀镇的发展献计献策。近年来，更是在东南大学王建国院士、陈薇教授等团队的指导与合作下，持续依托紫砂文化特色，利用紫砂历史遗存、自然生态资源、紫砂人才储备等优势，积极探索发展文化创意产业、文化旅游产业等，尝试一条产业发展与城镇复兴相结合的新路。

丁蜀镇进行了一系列的传统产业再生策划，将丁蜀的再生以制陶文化提升作为城镇未来发展中的生活模式，并衍生出与之相契合的文化旅游、历史保护、环境整治、设计传播等其他产业分支，扩大传统产业对未来城市发展的影响。

丁蜀的城市再生策略，充分地反映出城市发展应该体现的是市民的个人和全体的意志，目的在于能自知自觉，自治自制，自我实现。丁蜀以一种兼具灵活性与创新性的制度设计，打破了传统城市复兴规划"先有空间、再有功能策划"的模式，以特色小镇的"特"和"色"为核心，进行产业功能的研究，重点关注创新要素集聚与本土资源、文化要素融合而产生的空间组织模式和场所需求问题。并在此研究基础上，根据功能需求进行空间的整体布局和设计，规划同时考虑了就业人员的需求，预留了足够的街道绿地、公园广场、城市滨河等公共服务空间，打造了一个以"产、城、人、文"为导向的精致城镇空间和温暖的社区生活环境。

城市再生

2016年底，丁蜀镇被列入中国首批特色小镇，紧接着又获得"中国最具文化及价值特色小镇"称号，不断增长的社会关注度为这个紫砂老镇带来了更大的发展机遇。丁蜀镇政府因势利导地启动了城市再生计划，东南大学和水石设计受邀作为技术顾问来到丁蜀参与城市再生的调研与设计。在深入调研的基础上，围绕文化建设，各方专家与政府一起群策群力。丁蜀镇相继举办了蜀山文化艺术节，启动了龙窑博物馆、黄龙山遗址公园等规划，同时确定了以老镇区为核心，覆盖通蜀路两侧约4.1平方公里区域，建设"紫砂文化创意产业集聚区"的计划，并着手以蜀山风景区为核心、以青龙河为纽带，建设集紫砂文化旅游、体验、制作于一体的紫砂文化旅游产业。

这些工作包含如下主要方面。

基于城市再生的城市设计——丁蜀镇政府邀请水石设计先后参与了蜀山片区、青龙河片区、黄龙山片区以及莲花荡片区的城市再生设计。丁蜀镇政府和设计团队一致认为经过千年积累的城市肌理与传统文化相交织，并不适合以推倒式的方式进行更新。在城市更新的过程之中，最重要的着眼点是梳理城市空间的架构，完成现代城市功能的升级，重新整理消极地块的利用，提高土地的使用效率，为城市未来的发展与建设铺垫基础。同时，在这一空间梳理过程中也包含着有针对性地对待每个分区再生条件的差异性，并提出适宜性再生策略。

新型产业业态的引入——丁蜀镇政府从紫砂文化中提炼出"陶式生活"的核心，采用文旅策划的方式围绕传统产业的主题为历史城区设想适应现代城市发展的空间与业态内容。以针灸的原理规划新的业态的植入，在大的城市框架下，系统性地插入与原有产业相互补的新业态，引导新旧产业间的互动与发展。

公共建筑节点扩建——突破传统手工艺闭门造车的理念，丁蜀镇在城市空间更新上对文化历史进行研究挖掘，通过对龙窑、矿坑、产业遗存等节点的改建与扩建，增加传统场所中的现代城市功能，丰富人们对传统文化体验与交流的机会，使传统文化重新成为城市发展中的品牌形象与精神坐标。

城市公共配套设计——传统古镇的复兴需要通过现代公共配套的补充去迎合现代城市生活的要求，其中包括停车、街道公共空间、服务型商业配套等。丁蜀镇政府深知这些配套的设计需要结合当代土地利用及建造理念，实现集约化设计、与环境协调及公共空间塑造的重要性，因此希望以高品质的城市公共空间设计为抓手，由此推动整体城市文明的提升及公共参与的水平。

公共景观设计——丁蜀镇政府将存留在城市核心区域位置的工业遗产作为城市公共资源建设利用，同时连通了周边城市功能。这种对原本的城市消极空间的积极转化，不仅有修复生态环境、提供城市公共空间的积极效应，而且对带动城市周边地带的发展，塑造崭新的城市形象有着积极的作用。城市公园作为面向所有人的公共场所，其中的公共景观、建筑、导视系统等设计所传递的现代城市建设理念也是对城市更广泛更新参与的示范与引导。

城市景观改造——丁蜀镇政府对于已有的城市建成区，力主对于主要城市街道的重要城市节点进行空间更新，这包含了两种层面上的作用：一种是对城市景观的美化，提升城市的形象；一种是对城市公共服务节点功能的优化，体现公共场所的人文关怀。两者都是历史文化城区整体再生能力建设中的重要工作，在提升城市形象与带动公众参与上会发挥积极的作用。

示范性建筑改造设计——历史文化区域的再生尤其需要带动当地居民的参与和协同，因而丁蜀镇政府十分重视更新示范点的建设，希望在改造的过程当中也同时起到改善环境与普及教育的作用。在蜀山脚下的古南街片区中，镇政府继续选用多处闲置的消极场地进行建筑与景观的改造提升，通过转变周边场地的价值与使用方式，带来了更有参与性与建设性的城市活力。

丁蜀模式

对于大部分中国传统历史文化城镇来说，获得城市再生动力及成功的关键在于对传统文化及特色产业价值的正确对待与继承。丁蜀镇政府清晰地判断了紫砂产业对于城市发展的核心意义与价值，从而取传统之精华作为城市再生的引擎，将其发扬光大，又洞察其缺陷，以整体的城市再生设计进行弥补，从而在城市发展的上层结构上，将产业、文化、历史与城市空间的价值整合在一起，为丁蜀镇长远的发展打下了重要的基础。在这个过程中，政府不急于谋求短期的利益，而是潜心培养与民众合作发展的关系，与此同时又建立起对未来开发介入方的原则与要求，使得有机更新的理念能得到一以贯之的落地与延续。

在这个过程当中，主要的参与方（即居民、开发商、政府）均有着明确的价值导向：丁蜀镇居民通过对自有场地的自发更新，不仅完成了对居住及工作空间的改造，而且与城镇整体环境更新相联动，形成"百馆千店、万坊兴城"的共赢效果；开发商在政府倡导的城市再生导则约束下，参与城市新一轮的建设，关注与用地周边环境协同发展的开发与运营；丁蜀镇政府作为历史城区更新的主导角色，将城市发展中的价值成长性作为核心的发展目标，从中长期发展的角度，自上而下地梳理了现代城市功能发展的空间框架与更新导则，同时还从微观层面自下而上地唤醒了公众参与的积极性。

丁蜀镇的再生以有机更新为核心理念，反对一味追求速度的大拆大建，取而代之以针灸疗法式的适应性改造；将公众参与的自主活化与紫砂产业链的拓展整合相结合，从城市运营的角度，搭建了由政府、企业、社会等多主体参与的城市再生平台，既保护与发扬了传统产业，又为城市能级提升提供了弹性的发展空间。

蜀山片区
城市再生规划

项目信息	设计单位	水石国际
	建设地点	宜兴市丁蜀镇
	设计时间	2017年

2016年10月，丁蜀镇被住房和城乡建设部评为第一批中国特色小镇，城市独具魅力但面临"产业特而未强、城镇魅而未美、民众富而未发"等现实问题。作为典型历史文化城区的蜀山片区，曾经面临基础设施缺失、城市空间碎片化和紫砂产业单一等数个问题。

水石接受委托对丁蜀"三平方公里蜀山核心片区"进行整体规划与定位设计，创新性地提出"活化的历史街区"概念。"活化"是指留住原住民的生产生活，在现有的文化基础上通过城市更新重塑城市价值。

设计将蜀山片区空间特质与城市运营逻辑相结合，形成"存量更新为主，适度增量开发"的更新策略，以动态的方式指引城市更新。"产业、生态、文化"三条轴线构建了总体规划骨架，"活化的生活基底"之上分为蜀山景区、古南街片区、紫砂工艺厂、前墅龙窑、陶瓷批发站码头及工业区六大片区，片区有独立的游览路径与整体主线相连。

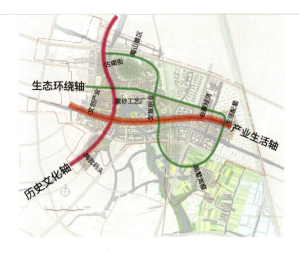

此次城市设计对丁蜀特色小镇创造三方面的城市价值：

①城市生态价值
打通原有生态山体、水体轴线，将原本内向的山体、水体充分开放，打造蜀山山水空间轴，将山与水的景观价值发挥最大化；

②城市文化价值
延续原有古南街历史建筑遗迹，形成西街的自发更新及水岸文旅更新区，同时传承古龙窑千年窑火，打造龙窑文化古村落群；

③城市产业价值
沿着原有城市产业廊道打造具有特色的工业遗迹文创园区。设计充分提升城市生态、文化、产业价值，打造独具魅力的特色小镇。

作为丁蜀镇的首个更新片区，蜀山片区通过不同再生模式的试点实施，为未来发展形成了示范与带动效应。

青龙河片区
城市再生规划

●
项目信息
●

设计单位	水石国际
建设地点	宜兴市丁蜀镇古南街
设计时间	2018年

青龙河片区为丁蜀镇镇政府所在地，改造前用地结构较为松散。再生设计延续了蜀山片区主要的空间规划轴线，通过以生活为基础的"产业＋文化＋生态"模式统筹规划青龙河片区现状资源，形成镇政府、紫砂厂与青龙山三大主题空间节点。

开发 ──────── 完善 ──────── 提升

整体开发，塑造形象　　　完善公共配套功能　　　政府主导的城市更新
整合多样的城市功能配套　强化新镇区政务形象　　　丁蜀陶瓷产业创新升级转型模式

围绕丁蜀镇镇政府所在地片区，完善公共配套功能，强化新镇区政务形象；活化利用紫砂厂，呼应历史街区，助力紫砂产业升级；拓展青龙山周边开发可能，打造结合生态与居家体验融合的综合性社区。

黄龙山片区
城市再生规划

项目信息	设计单位	水石国际
	建设地点	宜兴市丁蜀镇古南街
	设计时间	2019年

黄龙山紫砂遗址矿公园定位为中国首个全天开放的露天"地质博物馆"和开放式的市民生态艺术公园。这一定位与丁蜀镇的主题产业文化相呼应,构成了一种独特的自然与文化的结合。此外,从城市空间的宏观格局来看,黄龙山公园是融合蜀山、青龙河等文化片区的空间枢纽。

黄龙山片区原为废弃的紫砂矿区,在空间上是城市连续空间中的一个断点。再生设计将其"变废为宝",通过将其转化为一座开放的城市公园,画龙点睛,串联起蜀山片区、白宕片区,蜀通中路三大陶文化遗产重点保护区,有效打通城

市阻隔，重塑城市空间格局，完善丁蜀镇陶文化旅游活动艺术网络。从中观层面来看，黄龙山公园串联起了周边包括青龙山公园，前进龙窑、紫砂博物馆、葛鲍聚居地等在内的特色片区。它的再生链接缝合了周边割裂的地块。公园空间的塑造和对外的绿色走廊体系，构成了片区完整的文化廊道空间，与此同时，也激发和带动了环黄龙山艺术生活社区的整体活力。

前墅龙窑展示馆

项目信息

设计单位	东南大学建筑学院
建筑设计团队	李新建，吕明扬，李晓晖，
	张玉晟，廖瑜
室内设计团队	沈旸，吴羊（南京晓庄学院）
展陈设计团队	沈旸，吴羊（南京晓庄学院），
	金涛，张敏，沈立，孙程
设计时间	2015年—2016年
竣工时间	2018年
建筑面积	686平方米

全国重点文物保护单位——前墅龙窑创烧于明代并延烧至今，是宜兴地区目前仍以传统方法烧制砂陶器的唯一遗存。展示馆设计建立在深入的历史研究和现状调查基础上，强调延续并展示前墅龙窑与村庄民居紧密结合的特点，尽可能保持原有村庄形态和环境的多样性。根据1950年代以前原有前东窑（现存）、前西窑两座龙窑的历史信息，利用龙窑西侧已拆迁民居基址上建设展示馆主体建筑，在体量、屋面形式、立面材质等方面与周边民居相协调；在遵循文物保护规划高度控制要求的前提下，顺应场地地形，设置西窄东宽的主展厅空间，自西向东相应升高的屋面，暗示着已消失的前西窑历史信息，并在二层东端形成眺望古龙窑的最佳观赏区域。在景观设计上，因地制宜地利用现有建筑和空间，适度增加文化旅游展示和接待设施，全面展示宜兴传统陶业场所的空间格局、建筑形态和生产工艺等物质和非物质文化遗产，核心内容包括古龙窑西南侧配建土地祠（福德祠）戏台、五色土广场等烧窑相关祭祀活动空间，练泥、制坯、施釉工棚等工艺体验空间，以及古龙窑东侧河道、码头、堆场等运输、销售空间。

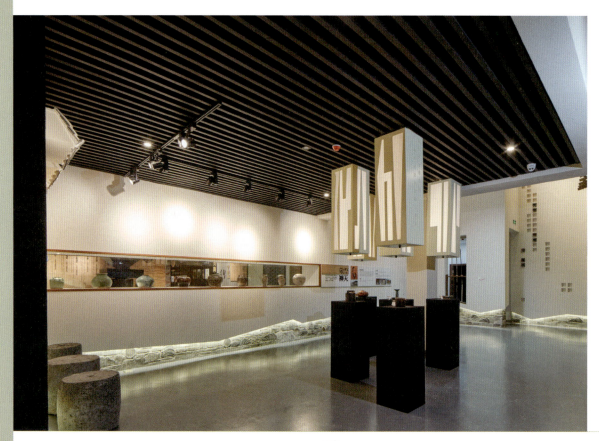

前墅龙窑展示馆展陈与空间设计将宜兴历史上制陶的发展、窑的演变、传统采矿、制陶、烧窑、祭祀等龙窑文化用现代展陈手法综合展示其历史文化。通过提炼龙窑的视觉符号，先确定项目的文化形象识别，在此基础上塑造空间属性特征，将抽象的视觉符号融入展示空间的序列；依据展陈策划的内容与节奏，在入口形象区以龙窑标识形象为基础展示造型，应用传统龙窑烧制的工具——三脚凳为空间载体设计入口形象墙。借助展厅中联系一、二层的楼梯，结合龙窑本体的造型要素，将楼梯整体打造为一座龙窑，引导参观者自然进入展厅二层。楼梯下方的匣钵堆放场景复原，登上楼梯后的龙窑轮廓造型的木质吊装构筑物，以及与构筑物外观叠合的前墅龙窑本体，将龙窑的艺术性提炼升华。通过公共区域抽象化的龙窑形象，与龙窑本体形象形成呼应。凭借不断重复的形象叠合，强化龙窑的形象认知，配合雕塑、壁画墙等具象化艺术创作，让历史成为画面，记忆得以流动再现。建成后的前墅龙窑展示馆已成为丁蜀镇文化建设的窗口，龙窑开窑活动成为每年陶瓷博览会的必备节目。

青龙山公园多功能馆

项目信息

设计单位	旭可建筑事务所 / 东南大学建筑设计研究院有限公司
建筑师	张旭，刘可南
设计团队	孙闻良，习超，周青，徐一斐，卞勇炜
建设地点	宜兴市丁蜀镇
设计时间	2016年—2019年
竣工时间	2019年
建筑面积	7726平方米
结构形式	带大跨预应力梁的剪力墙结构、框架结构

早年大规模的石灰石开采在青龙山留下鬼斧神工般的地景，如今成为青龙山地质公园得天独厚的景观资源。借助独特的地形、地貌，多功能馆和瀑布亭呈环抱之势，与西面高耸的巨石一同控制并塑造了公园的核心空间景象。建筑单体的设计强化了城市与景观、人工与自然的联系。

多功能馆总面积 7726 平方米，由清水混凝土巨型结构的大厅和若干被红色陶板包裹的一层框架结构的房子组成。预应力混凝土技术实现了大厅 38.12 米的跨度。

大厅内三个篮球场大小的场地下沉 2.7 米，形成净高 9 米，可以满足会展和球类运动的大空间，此举还控制了建筑物在环境中的高度、比例和尺度，并在建造过程中再现了采矿的"挖掘"行为——此次的目的不再是从大地中攫取材料，而是获得空间。

清水混凝土与暗红色陶板代表了本地蕴藏的，且长期支撑该地区的生产和生活的两种矿藏——石灰石矿与陶土矿。

巨型结构与普通单层房屋的并置映射了城市中基础设施如高架路、桥梁与住宅、办公楼等不同类型构筑物并置的高速城市化时期的空间现象。在此，结构类型和材料的选择与组合强化了场所的城市属性。

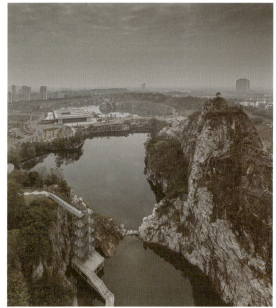

青龙山、黄龙山矿区向城市公园的转型宣告了以大自然为劳动对象的采矿业在丁蜀镇的彻底终结，以及城市化建设进入以改善、提高人居环境品质为目标的发展阶段。矿区遗址到"都市绿洲"的改造，不以怀旧场景煽情，不以怪诞形式吸睛，而切实地与那些在城市化之前业已发生的事物相联系，从而为受到抑制的环境及其历史提供释放的出口，并对场地进行重新诠释，增添新的意义。本项目为青龙山的改造提供了一种建筑的策略——当一个区域缺少城市结构，设计可以通过建筑物基础设施化的方式介入场地，使这个地区与外界产生某种可见的连续性。兴许人们还可以一下子通过其形式理解这个地方的过去和未来。"人们深深眷恋的地方都不一定是可见的。可以通过诸多方式让一个地方成为可见的地方，这些方式包括……利用艺术、建筑、典礼和仪式所产生的力量。通过引人注目的表现可以使人类的地方变得鲜明真实，而通过使个人生活和集体生活的愿望、需要和功能性规律为人们所关注则可以实现对地方的认同。"

乡镇公共空间的再生
——丁蜀新时代文明中心改造

项目信息

设计单位	水石国际
设计团队	沈禾，胡肇闻，宋君竹，闫成鑫，张愉源，顾鹏宇，曹子奕
建设地点	宜兴市丁蜀镇
设计时间	2018年8月—2020年8月
竣工时间	2020年11月
建筑面积	13420平方米

宜兴丁蜀镇新时代文明中心原建筑是一栋烂尾楼，建筑师希望尽可能利用原有结构的特征，即中央的圆形中庭和外延的片墙，打造新的建筑形象和空间。改造设计尽量不影响既有结构，只是在这一基础上做加法。建筑师不希望新置入的文化、展览、图书馆、报告厅等功能之间缺乏联系和融合，而是考虑通过内部公共空间的重置与连接，打通原本隔绝孤立的各功能空间，让使用者感受开放空间带来的更多活力和参与性。

中庭是最重要的纽带空间。在 4 个功能体块空隙间置入的室内公共空间，让不同功能体块的使用者也有充分的交流和接触，室内空间由此产生与户外城市空间同样的开放特质。其所催生的互相融合，正是丁蜀这座有着悠久历史文化的城市当下进行更新的意义。

这一系列从原有结构引发而来的新的限定，使建筑产生与外部各象限的空间对话，建筑围合也被空间层次所取代，立面的消失让这一本来就带着强烈现代主义风格的建筑有了更鲜明的时代特征。这种特征并不附着于材料和科技，而是固化在建筑的本体语言中。

整个设计通过新的空间再造带来市民的参与性活动，重新定义场所并赋予场所活力。在场地设计上，建筑重新连接青龙河沿岸城市绿轴的步行体系，使之成为城市公共步行体系中的一部分。同时沿河岸外扩室外平台和灰空间，延伸建筑外缘，使建筑与景观和人的活动充分融合，形成开放集聚的场所精神。

改造设计注重赋予建筑以开放性和透明性。建筑入口摒弃了原对称中入式的布局，顺应弧形墙体的流动，从城市广场延伸出曲线路径，将公众自然引入，消解传统公建的威严感和距离感，使其更具开放性和参与性。大厅内的吊顶延续室外的弧线感，汇集在中心的弧形墙体，墙体加建弧形楼梯，作为主要交通体连接一、二层。穿过二层展厅的圆形拱券后，可经楼梯到达一层公共空间，在那里可远眺市民广场的景致。

中央的圆形中庭是整个空间的核心。原建筑的大型中庭空间被重新组织细分，通过新置的两道弧墙将其分为入口大厅、红厅和片墙间的走道。片墙基于原有的建筑语汇，同时从丁蜀镇当地紫砂壶制作中拍打泥片、围身起筒这样独具代表性的传统造型技艺中提炼造型元素。

丁蜀成校

项目信息	设计单位	亘建筑
	建设地点	宜兴市丁蜀镇
	竣工时间	2021年
	建筑面积	10905平方米

丁蜀成校，作为全国乡村成人教育体系中为数不多的专门从事陶艺教学和培训的学校，既要通过为当地群众提供学历教育和技能培训，来增加他们的收入，改善他们的生活；同时学校也利用课余时间向缺乏公共设施的乡村社区开放，成为开展公众教育和公共活动的场所。

通过对当地的陶文化和制陶工坊历史的研究，建筑师了解到过去师徒传承式的制陶匠人培养方式，并与周边社区群众、业者、教师、匠师进行了研讨，沿着"工艺学校"的线索，逐步确立了以"制陶工坊"为中心的低密度校园的设计目标。有别于惯常的以综合建筑与集中场地为主的学校，丁蜀成校漫游式的校园，有着传统工坊式的松散布局。大工场、小工场、多功能厅和陈列厅，这四个最重要的单体，被放置在校园中心，由它们围合出的榉树广场则是举办室外活动的中心场所。

建筑师优先考虑了陶艺创作和学习过程中各个步骤需要的独特的空间需求，包括视野开阔、采光均匀用于书面教学的常规教室，空间内向、安静高大的用于塑形、作画、贴画、雕刻的工场，还有在大尺寸的梁柱厚重的氛围下用于展示和保存学员优秀作品的陈列厅。每一种功能都有与之对应的空间、结构和设备，成为一个独立的建筑单体。

由此产生的十几个散落、低矮的"小建筑"，每个都有良好的自然采光和自然通风，它们之间形成不同类型的外部空间。并置的各种内外空间，由遮阳避雨的半室外廊子串联，共同组成一个丰富多样的校园整体。校园里的宜人风景和自由交流的氛围，也成为进行陶艺创作的灵感源泉。

砖、混凝土和砂岩，是丁蜀成校的主要材料。砖的烧制、墙的砌筑、混凝土模板的支护都与当地工人熟知的制陶过程有着相似的手工属性。这些日常的建造材料，与新的构造方法结合，让校园自如地融进了小镇的肌理。新校园建成后，周边的居民们也觉得这些房子看上去亲切。

因陶文化的发展而诞生的丁蜀成校，每年为数千名学员提供高质量陶艺技能培训，以此提升他们的专业技能和生活水平。与此同时，这所学校持续举办的文化展示和交流活动，让当地社区从中受益，也让历史悠久的制陶活动在丁蜀生生不息。

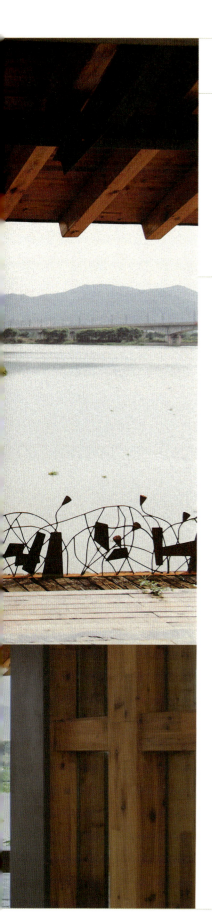

莲花荡茶室

项目信息	设计单位	东南大学建筑学院
	建筑师	唐芃
	建设地点	宜兴市丁蜀镇
	设计时间	2015年5月
	竣工时间	2016年9月
	建筑面积	10905平方米
	结构形式	钢结构

丁蜀镇莲花荡农场，是一处实现有机种植、稻鸭共养的实验农场。其南侧为7级运河航道莲花荡；西侧为高铁线路；北侧为大片农田。由飞奔的高铁带动的静中有动的农场景观可谓"水天一色、古往今来"。

莲花荡茶室目的是在具有乡村特色的环境中建设一座能够传达具有当地特色文化与生活方式的建筑。建筑师着眼于如何在乡村风景中建造一座具有当地特色的茶室，其位于水天一色的场地之中，相邻高铁线贯通古今。莲花荡茶室位于山、水与稻田的交界处。在这样的特殊环境背景和文化背景中，如何恰当地表达传统精神的同时适应实际场地需求是亟待解决的问题。莲花荡茶室对传统的借鉴表现在形式、空间、环境营造等诸多方面。

形式上，基地景观以地平线为界。上为远山，下为稻田。地平线上分布三座一层双坡屋顶农房，从左至右，随性分布，大小不一，只在道路尽头空出一席。因此，建筑师选择此种肌理的延续，在道路尽头，"一"字形体量的建筑留出空隙，视线也得以延续并望见远山。内部以江南文心游赏的方式，结合园林技巧，行可

以移步换景，住可以静纳万物，卧也可以有潇洒之处。与山水同坐，且为远道而来的人留出看得见风景的窗口。

空间上，建筑被切分为四个大小不等的坡屋顶体量。在朝水一面退让出中庭，体量间留出空隙使湖面与田地之间得以视线贯穿。体量功能分别为辅助用房、大茶室、小茶室和中茶室。

环境营造上，中部庭院采用枯山水的意向，以白石铺地，曲线形的苔藓地用瓦围起，凸起于白石之上，位于庭院中部，或围绕建筑一角，在其上种植黑松或立石。由于苔藓需要露水的滋养，中庭顶上留洞口且不封玻璃。一天中，随时间推移，洞口落下的光影在墙面和苔藓间移动。坐于院边石凳之上，似乎能感受到时光的消逝。东部庭院以白石铺成"水流"，"流"向田野，到入口处上架小石桥，石路与"水路"在此交汇，是旱是水，亦真亦假。

春园

项目信息		
设计单位		东南大学建筑学院
		东南大学建筑设计研究院
建筑师		葛明
设计团队		吉宏亮、陈洁萍、孔亦明、刘筱丹、
		王正欣、李新建；淳庆（结构）
建设地点		宜兴市丁蜀镇
设计时间		2014年
竣工时间		2018年
基地面积		4200平方米
建筑面积		950平方米
结构形式		混凝土框架结构，局部钢结构

春园用地窄而长，由东向西一字排开，在其南侧需要设置一个举行大型车赛的活动场地，并以春园作为背景。为此，设计试图采用"半园半房"这一"型"——以房中有园、园中含房的方式回应场地，实现舒展的同时又能获得曲折尽致的效果，在方法上则"架构"与"分地"并举。因此，半园半房是通过屋顶和场地的共同作用而获得，不是指面积上一半园子、一半房子。在春园里，场地类型丰富，或台，或池，或岛，形成了一个小的世界，仿佛传统的造园。

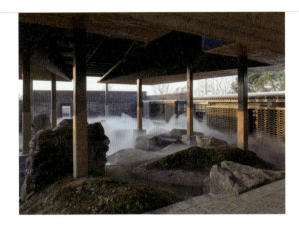

丁山历史街区更新

项目信息		
设计单位		上海联创设计集团股份有限公司 RE·D城市更新设计研究院
设计团队		宣磊、荣庆弋、马博、张晗、王美晨、吉晓君
建设地点		宜兴市丁蜀镇
设计周期		2016.10~2019.4
基地面积		37000平方米
建筑面积		25000平方米
景观面积		20000平方米

丁山主街道大中街位于丁蜀镇中部，可以说是见证了丁蜀文商发展、人民生活变迁的时光长廊。片区更新的工作范围是非常广义的——包括建筑的立面改造、滨河景观的立体化重塑，甚至含带滨河绿带上的展示馆设计，都在大中街整体更新的体系内，相互关联、影响，产生"1+1＞2"的化学作用。

更新设计将整体区域分为三个部分——A区特色文化休闲区、B区城市公共活动区及C区陶式生活体验区——并与提出的品味时光、享乐山水、陶式生活三个主题相契合。

A 区 特 色 文 化 休 闲 区：
丁 蜀 历 史 长 廊 的 样 板 带

不到500米的街道，多样化的建筑风格其实呈现了丁蜀不同时期发展的历史断面。在街道的U型界面中，在充分考虑建筑功能实用性的前提下，建筑师梳理出不同历史时期的建筑，并根据其建筑风格样式采取"一筑一法"的方式

为每栋建筑制定更新策略，并确保建筑、景观、公共空间的设计能体系化、综合性且有较强对症性，从而解决现状风貌及功能的问题。

整条滨水景观亦是景观打造的重点，借由地面交通的梳理、停车位的规划以及休憩景观的复合化打造，来重现丁蜀美好生活的空间载体。

河道旁的绿地的城市更新微展览馆以时间为线索，通过展牌、石碑文字、地面文字等方式展示丁山大街百年发展，包括曾经陶业生产基地及最繁华的商市等，以此唤醒人们对于丁山的昔日记忆。

B 区城市公共活动区：
绿色生态的立体停车场

B地块的前身是不再符合时代发展的商业建筑，考虑到周边居民停车困难，同时缺少公共空间，政府拟在此处打造一个具有地标性的停车楼，用来承载日益激增的停车，缓解停车压力，同时激发城市公共活力。停车场建筑采用绿色山丘的方式，沿画溪河层层退台，凭借画溪河优越的自然环境，最大限度延伸景观空间，营造山体意向，展开叠山寻绿，叠山探陶之旅。

C 区陶式生活体验区：
未完待续的陶都画卷

此区域有着优秀的建筑肌理，尽管立面风貌与建筑结构已老化，但和许多老镇的宅街巷弄一样，C区闭塞凌杂的城市毛细空间处处蕴藏生活的美好情致。更新设计保留有文化价值的建筑构件、拂去老街区的蒙尘，让丁蜀原有的文化生活从一栋栋老建筑中苏醒过来。

边庄小区及口袋公园改造工程

项目信息		
设计单位	上海联创设计集团股份有限公司 RE·D城市更新设计研究院	
设计团队	宣磊、汤彬彬、张勇、田升、 马博、王梦迪、盛嫣茹	
建设地点	丁蜀镇张边路与公园东路交叉口南侧	
设计时间	2021.8—2022.7	
实施时间	2022.8—至今	
用地面积	36700平方米	

项目位于丁蜀镇东部，处在张边路、公园东路、汤蜀路与曙光路的围合地带。基地是丁蜀镇复合型老旧小区的典型代表，作为先行整治示范区具有极强的代表性特征。老旧社区是城市的成长印记，曾经承载着人们对生活最美好的追求与向往，记录了这座城市不同历史时期的社会经济和建设发展。随着城市化进程的不断加快，这些慢慢老去的"家园"，基础设施老化、配套设施不齐、公共空间衰败等问题日益凸显，直接影响了居民生活质量、和谐小区的构建和美好城市的建设。

片区住宅主要为老旧的商品房和居民自建房，在城市变迁过程中拼凑成复杂的居住组团环境，由于修建年代较久、规划设计不合理，现状街巷狭窄，道路密布交织、公共空间缺乏、住宅外观杂乱、管线密布、外墙剥脱严重，与城市发展及居民居住要求甚远，极大地影响居民日常居住体验。

围墙阻隔影响通达性及视线

打开围墙，形成开放式社区绿地

出入口联动

丰富空间围合

人流动线串联节点

交汇处构成节点

本次改造从社区交通、建筑外立面、公共空间三大方面摒弃老旧小区通病，升级社区现有资源，更新打造为一个人性化、活力宜人的大社区。边庄社区改造面临更新面积庞大、基地内小区分散，首先通过对社区周边进行研究并结合实际出入使用梳理交通流线，对外立面统一进行翻新提升，又将补丁式分散的景观组团分级定位、利用闲置零碎空间去道路还空间。景观设计中，我们基于现状，打破部分围墙阻隔串联起主要动线，补充停车位，利用有限的空间设置绿化，营造良好的居住氛围，并充分利用场地现状打造社区口袋公园，形成组团内外联动，丰富居民生活。

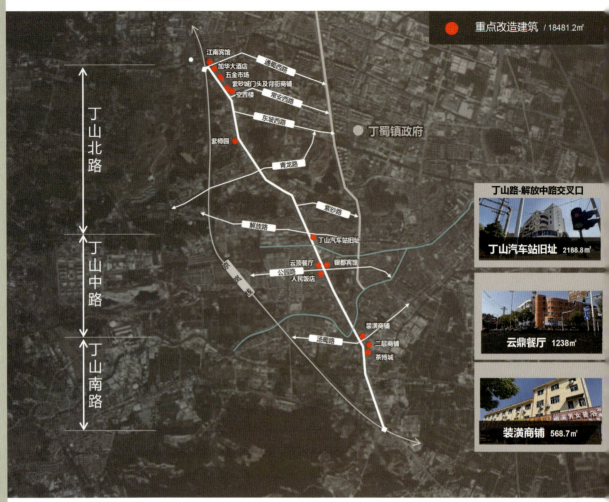

丁山北路

丁山中路

丁山南路

重点改造建筑 / 18481.2㎡

江南宾馆
加华大酒店
五金市场
紫砂城门头及背街商铺
空置楼
通蜀西路
常安西路
东坡西路
紫砂园
青龙路
丁蜀镇政府
紫砂路
解放路
丁山汽车站旧址
云顶餐厅
公园路　银都宾馆
人民饭店
装潢商铺
汤蜀路
二层商铺
茶博城

丁山路-解放中路交叉口
丁山汽车站旧址 2188.8㎡

云鼎餐厅 1238㎡

装潢商铺 568.7㎡

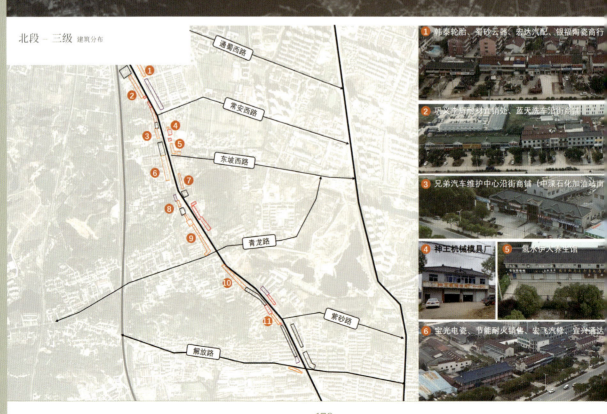

北段－三级 建筑分布

通蜀西路

常安西路

东坡西路

青龙路

紫砂路

解放路

1 韩泰轮胎、蜀砂云器、宏达汽配、银福陶瓷商行

2 巩义李辉耐材直销处、蓝天洗车沿街商铺

3 兄弟汽车维护中心沿街商铺（中溧石化加油站南）

4 神王机械模具厂

5 氢水伊人养生馆

6 宝光电瓷、节能耐火销售、宏飞汽修、宜兴通达

170

北路-通蜀路交叉口

加华大酒店 910.4㎡

蜀路-青龙路重点提升改造段

紫樽园 1011.2㎡

空置楼 849.6㎡

交叉口

人民饭店 2628㎡

茶博城 2840㎡

丁山路道路提升设计

项目信息	设计单位	上海联创设计集团股份有限公司 RE·D 城市更新设计研究院
	设计团队	宣磊、田升、盛嫣如、徐凯、蔡璨
	建设地点	宜兴市丁蜀镇
	设计周期	2022.8—至今
	用地规模	道路总长约6000米

丁蜀丁山路前身为京杭国道，也叫宁杭公路。自民国18年（1929年）4月通车以来，在近百年间经历着时代的变迁与发展，以公路经济拉动区域经济发展，是宜兴城市发展的一个典型缩影。

然而，由于道路规划与基础设施久未更新，这条承载着历史辉煌和记忆的小镇公路，随着时间的积累，在城市发展和实际生活中也越来越暴露出许多常见的"城市病"，诸如沿街风貌老化、道路边界模糊、城市景观的缺失等。这些直观而琐碎的城市痛点，比起"头痛医头、脚痛医脚"这样的治标手段，更需要一次系统的、复合的道路体检，从而根据现状复杂相连的"病症"，进行流畅无碍的体系化更新。

丁山路全长约6公里，为南北走向，贴临青龙山、黄龙山、龙溪公园，又被画溪河、分洪河穿越，沿路多有岔口，被解放路、汤蜀路两条重要城市道路切分为北、中、南三大段，纵观全貌，有"山水萦绕，支路交错"的特点。

丁山路与丁蜀产业遗产廊道和画溪文化生态景观通道重叠交错，沿路不乏有宜兴陶博馆、非金属化工机械厂、画溪河这些富有历史保护与

市政区域绿化统筹设计
道路绿化、行道树、景观铺装等（不含市政路灯及亮化设计）

文化生态价值的节点。因此在项目的更新过程中，我们也将重点兼顾区域的文化特征与生态环境资源，在解决现状问题的基础上，彰显道路独一无二的风格与特性。

为了便于锁定道路各路段的短板和特点，在项目启动之初便设定了思维的评价模型，分别从标志风貌、绿化景观、文化特征、更新潜力四个方面来考量更新策略的侧重，以强化"绿色生态、乐活宜居、产业赋能"为更新理念，并根据现状综合条件，将道路分为四大定位，分别是丁山北路-陶都形象段、丁山北路-陶然文化段、丁山中路-陶式乐活段以及丁山南路-陶都优坊段。

新的定位，新的出发，更新后的丁山路将在街道空间引入垂直绿化、文化策展的改造策略，注重多元功能的整合和安全宜人的步行体验，兼顾产城一体化发展，通过重点建筑的外立面焕新、重要景观节点的渗透、重点路段的 U 型界面改造，将丁山路打造为新时代背景下城市道路体系化改造的标杆项目。

第三章

［何以再生］

01
推动者说

城市再生的培育过程
需要一些耐心
——伍震球访谈

伍震球 ——————————— 宜兴市丁蜀镇镇长

丁蜀镇有着独一无二的紫砂产业资源。紫砂是丁蜀建城发源的原因，也是千百年来这里百姓安居乐业的产业基础，因此，丁蜀镇的更新必然是与传统产业的保护和延续紧密联系在一起的。如果按照当下一些历史文化城区推倒再建的开发模式，通过重新安置居民、收储土地再进行开发，这很可能对当地的产业发展产生威胁，并不一定有利于城市的发展，因此，我们从一开始就没考虑这样去做。反过来，我们想到的是把丁蜀特有的紫砂产业作为我们再生的资源与优势。比如说，以丁蜀历史最悠久的古南街为例，千百年来，这条街一直是本地紫砂制作艺人的聚集地。从这条街上不仅走出了几代紫砂陶艺大师，而且一直到今天，它仍然是镇上紫砂制作工坊最密集的一条街。假设我们把这条街上的居民都安置它处，对这里进行翻新的改造，那等于抽去了丁蜀镇的灵魂，再花费巨资去修缮一条空的古街对丁蜀镇来说将毫无意义。

　　因此，我们想到的是有机更新的道路。在研究有机更新的过程中，日本京都的做法给了我们不小的启发。京都的更新是围绕原住民、原生业态的更新，历史城区的维护与运营几乎都是由当地的居民完成的，政府做的更多的是制定更新的政策与规范，引导群众一起来完成历史街区的更新。他们获得的效果也是非常好的，现在京都的老城区是世界上保留得最好的历史城区之一。而且它是一个活着的样板，住在老城区里的人仍然过着舒适的生活，新与旧很好地融合在一起。在思考丁蜀的再生中，我想到，过去丁蜀镇不少历史区域的衰落与大家缺少历史文化保护的意识不无关系，如果能调动当地居民的积极性，让他们一起参与丁蜀镇的再生过程，可能会产生更好的效果。因此，我们与来自东南大学和水石设计的专家们一起合作，结合丁蜀镇自身的特点，提出以鼓励公众参与为核心的"蜀山模式"，通过一系列的政策引导，在城市再生过程中培育群众的自我觉醒与主动参与，这是该模式最为核心的思想。

　　蜀山是丁蜀最早的发源地，也是聚集紫砂产业的核心地区。我们认为丁蜀的城市再生一定要抓住它的本源，因此，我们最早开始从蜀山片区开始思考丁蜀的发展，"蜀山模式"的提法也由此而来。但这种模式并不仅仅针对蜀山，它的本质核心是挖掘传统历史文化城区的发展动力。我们认为激发当地百姓的城市再生意识，调动他们的积极性参与到城市再生的过程中是非常重要和起到关键作用的。为此，我们在几个方面下了工夫：

首先，要统一大家的思想，就要让大家看到城市发展的未来。我们希望通过对城市公共空间与基础设施的改造来向百姓展示丁蜀镇发展的决心。我们请了来自东南大学与水石设计的顾问，共同商议了城市空间的发展思路，将城市公共空间的改造作为城市再生启动的重点。其中包含改善与优化重点历史城区的基础设施与公共空间环境，比如说对古南街地下管网的整治与街道景观的改造；另外，是将一些城市中的消极空间转变为积极的公共空间从而服务于城市与居民，同时起到示范性的作用，比如说把青龙山水泥厂与黄龙山矿坑这两片在中心城区的飞地改建为城市公园；除此之外，在建设这些新老节点的背后，我们有着一个更宏观的城市设计框架，将保护与开发合理结合。这些动作都让丁蜀镇的居民感受到生活环境的改善，对城市发展树立了信心。

其次，针对丁蜀老城区产权情况复杂，改造难度大的状况，我们提出一套适宜性城市再生的思路，其核心内容包含了"收""租""改"三种方式。"收"指的是如果原住民不满意现状的居住环境，或者有改善需求，就可以和政府就产权置换进行协商，由政府将其物业收购下来进行功能置换。倘若原住民认为其物业尚有价值，但缺乏财力与能力进行翻新，那么在产权不变的情况下，可将房屋"租"给政府来进行更新与运营。第三种模式"改"，指的是在政府引导下，由

原住民自发完成更新。这种模式最突出公众参与在城市更新中的价值，也是我们认为最为成功的部分。我们邀请东南大学建筑学院设计了一套更新导则，依托政府政策支持及资金补助，由居民自发完成更新改造。截至2019年末，丁蜀镇最古老的紫砂文化代表——古南街在由政府完成了市政、景观及一部分示范型修缮后，陆续有34户居民自主完成了对自家房屋的改造，占到了总改造工程的一半，对我们来说这是一个很让人欣喜的成绩。这两年，我常常去古南街，每次都能发现新的变化，不仅仅是多栽了棵树或又改了家店面，而是当地老百姓都越来越乐意参与到整条街道的美化与更新当中。这让我感觉很自豪，古南街再次成为丁蜀人、宜兴人、甚至周边地区居民心目中的骄傲。

再次，"蜀山模式"还尝试了将本地原真的生活状态向外展示的过程。我们之前在古南街上举办了一次古南街主题摄影展，邀请摄影师拍摄了古南街的日常生活与紫砂作坊的照片。这个展览在当地引起了不小的轰动。当地居民看到自己从默默无闻的百姓成为展览的主角，非常兴奋，这更增强了他们作为古南街主人翁的意识。此外，我们在自发更新案例集中地区做了可视化的样板。我们在古南街上设立改造展示馆，把各种改造可能涉及的门头、屋檐、门窗等，以实体模型展示出来，给原住民更为直观的选择，同时也对自我更新的建筑形式与风格进行一定的引导。

最后，对丁蜀这样一个历史非常悠久、传统文化非常深厚的地方来说，做城市再生重要的是做好城市公共空间的载体。这一方面是留出空间让城市环境适应现代城市生活的需求发展，另一方面是为了让人们看到好的示范，产生对这种变化的认同，并参与进来。为了做到这点，我们聘请了一批既有经验又有想法的建筑师，参与到对我们收来与租来的物业的改造设计中。这些项目往往都是与当地居民生活密切相关的空间，例如，古南街的改造更新、青龙山与黄龙山的改造、莲花荡农场的更新、前墅龙窑的改造与展馆扩建，等等。在这些示范项目的设计中，我们不仅强调了形式上的美感，而且对一系列与城市可持续的发展理念作了宣传，比如对农场河道的环境治理、有机种植的理念、历史场所的保护性改造、传统文化的发扬等。新场所的设计对提升社会整体的城市再生理念有着重要作用。当一个城市面临再生问题时，人们通常会采取两种办法：一种是西医式的手术，即拆了再建，期待立竿见影的效果；另一种是中医式的调理，从城市问题的本源出发，用保护与调整的方式去培养符合地域发展特征的再生能力。人们通常认为前者见效快，后者慢，但事实上前者很容易造成对城市文脉断层式的破坏，而后者在一定时间的培育期之后，从保留的传统中发展出新的生命力，取得更好的效果。对丁蜀镇这样的历史文化地区来说，后者更为适用。

"蜀山模式"的核心是带动公众参与，但对公众参与进行引导是一个潜移默化的过程。在多模式结合的作用下，政府通过收来与租

来的项目作为引导，鼓励更广泛的自我更新、自我参与、自我改造、
自我完善，培养出蜀山地区自我更新的能力与活力。我们发现通过
引导而产生的民间的"更新"比快速粉刷立面带来的"簇新"具有
更多的内在生长力，它源自丁蜀镇人内心对城市更新的认同，随着
时间与空间的变化，不断成长，日久弥新。这种认同让传统街区重
新回到了当地人的视野中，蜀山片区重新成为丁蜀镇、甚至是周边
地区居民心中的文化与产业中心。

　　丁蜀镇政府对丁蜀未来的发展目标是要做"丁蜀的丁蜀，宜兴
的丁蜀，世界的丁蜀"。而且，我们需要从不同的角度为丁蜀镇创造
达到这些目标的条件。做"丁蜀的丁蜀"，说的是把这里变成一片服
务于当地现代城市生活方式的土地，让当地百姓安居乐业，工作生
活更舒适。我们正在做的是增加与现代城市功能匹配的服务与基础
设施，比如公园、亲水公共空间、管线埋地等。做"宜兴的丁蜀"是
要把丁蜀镇作为宜兴的一张名片，打造基于陶文化和陶式生活的特

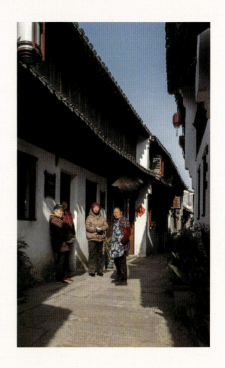

色城区。这其中包括保护与发展传统紫砂制作，对紫砂文化的活化展示。此外，做"世界的丁蜀"是因为我们看到了当地文化走向世界的潜力。过去不少从丁蜀送去国际陶艺平台上出展的紫砂作品都获得很高的评价，那么既然紫砂可以走向世界，丁蜀也可以欢迎世界走进来，我们希望向全世界展示这里的传统文化。这几年，我们一直在推动与发展丁蜀的国际文化交流，来扩大传统文化的影响力。我们改造了前墅龙窑，开办宜兴国际陶瓷艺术节，邀请国际知名艺术家来到丁蜀交流。这些来自国外的艺术家虽然与我们有着不同的文化背景，但他们很喜欢这里，也与本地艺术家很愉快地交流。这对丁蜀当地文化的发展来说是一种很好的机会。

在丁蜀这样一个特色小镇做城市再生，我们是从树立城市品牌的角度来考虑城市的发展的。站在文旅和产业融合的角度，我们想打造的是"陶式生活"这样一个品牌，这也是丁蜀未来发展所追求的高极目标。围绕这个主题，我们正在推广一个系统化的工程，叫"百馆千店，万坊兴城"。这个工程希望通过一系列由政府主导与百姓参与的城市再生项目，完成丁蜀老城在建筑、文化和生活品质上的全面升级，我们鼓励蜀山片区的百姓围绕"陶式生活"的主题创新创业。到目前为止，这个工程已经获得了很好的反响。从前那些闭门造壶的作坊接二连三地重新打开了自己的门面，有些手艺人一边做壶一边开起了茶馆、餐厅、会馆。如果你去过三年前的古南街，那我推荐

得古南街持续得到重点保护。这两项工作的开展，最有价值的是持续确定了保护的核心思想：留下生活——最大可能地保留或维护宜兴丁蜀明清以来延续的紫砂陶制作、生产、贸易集散地的属性。又5年后，国家科技部开展示范项目工作，我们选择以古南街作为实践基地，探讨如何通过研发的保护关键技术应用，以"看不见的手"实现真实的生活传承。转眼保护古南街已近20年，概括思考的重点就是：生活是条河，如何让其静水流深。

1→2003—2004年：为当地留下形态特色，为手工业留下平台

21世纪初，走进古南街，除了少数老年人生活在这里，另有几户进行手工制作粗陶用品外，其余基本闭户闲置。几经调研、走访、学习、考察、研究后，我们还是确定了从物质和非物质遗产两方面进行保护——从山水环境、街道肌理，到建筑风貌、手工业商铺等形态方面开展全面保护，并为手工业复苏提供可持续发展的平台，诸如修缮建筑、改善条件等。当时丁蜀镇镇长在与我们交流时谈到："希望我们的产品能卖得出去，同时更希望丁蜀能够吸引人，通过旅游业进一步带动陶瓷业的发展。"也正是这样对于手工业的自信，让我们捕捉到紫砂业的发展是保护古南街的根本目标。

为此，首先反映在保护规划上，便是强调结构性保护，最大化地为当地留下形态特色：外在环境是传统生产生活资源获得与流通的必要条件，此处便是山水环境；古街道肌理的本质是保障传统生产生活有效进行的平台，古南街有主街及与之垂直的巷弄，以解决交通、防火、排水，以及传统手工制作——入窑烧制——成品运输的过程组织等；建筑风貌的实质是生产生活方式内容的外在

表达，譬如下为商铺、上为住家的方式是古南街临街特色等。

其次，从类型学的角度开展建筑研究，叠加以不同保护级别评估的要求，进行功能置换和改造探索。

如此，才能为手工业的复苏留下延展的平台。生产有需求，生活还继续，传统街道才能活下去。

2→2010—2011年：为城市留下活态产业，为慢生活提供可能

制作紫砂需要平心静气，也铸就了丁蜀人的秉性和耐心。在上述工作完成后，丁蜀并未急于整治，而是加大保护力度，在等级上从市级文保单位上升为省级，在范围上将街区发展脉络清晰的古南街、西街、北街、北厂街共同构成的"河随山转、街随河走、河街并行"的独特格局作为整体，申请升级为江苏省历史文化街区。

2010年，我们再次出发，开展"蜀山古南街历史文化街区保护规划"。如果说第一阶段开展的古南街保护，主要是针对传统的明清老街从物质形态到紫砂制作环境进行全面保护的话，那么此阶段，我们的保护思路有了很大的突破，即从孤岛式的保护转向动态的保护，从地段的思考转向城市的思考。

此版保护规划中，保护的厚度、宽度以及高度都有所发展。如注重考古信息的真实性，主要指蜀山消失的窑址，将得到更好的保护，这就将紫砂制作的部分工序有了更深度的展现；如动态的、具有不同时期连续性的紫砂文化遗产地的保护，将提升城市的价值；如生产与生活区的关联保护，便特别突出慢生活的节奏需求以及基础设施改造的必要性等。

我们尤其对非物质遗产要素加强保护，如紫砂工艺的历史场

所，以及商业门类、老字号、历史记忆与人物、地方传统与民俗、名人与文化等，形成可加以研究的系统，既构成活态产业，也为慢生活的沉浸提供可能。

3→2015—2020年：为社会留下文化遗产，为新发展创造条件

"十二五"发展期间，科技部对于文化遗产传承特别强调示范性，在东南大学承担的"传统民居聚落适应性保护及利用关键技术研究与集成示范"研究课题中，宜兴丁蜀古南街成为实践示范点。为此，我们重新审视了完成的"蜀山古南街历史文化街区保护规划"，寻找关键点，其焦点集中在如何为类似以传统手工业为主发展起来的，并且目前为历史文化街区的保护操作提供范本。因为从本质上来说，传统手工艺，尤其是还可以再生的手工艺，是全社会的文化遗产，是生活充满创造激情的源泉。当生活的河流越来越宽时，文化遗产会像其中有力量的静水向前，使得宽阔的河流充满能量。此时，历史文化街区，就是价值传承的平台，也是为新发展创造条件的所在。

4→结语

围绕宜兴市丁蜀镇古南街开展的保护思考，暂告段落，这是没有结论的结语，但是这个过程中的些许体会或可总结。

首先，围绕人的生产生活不断理解中国传统街区的形成和发展，对于我们今天采用什么样的保护技术和规划方式十分重要。不仅是古镇的街区，大至古都古城，从古人绘制的地图上依然可以发现，在相当于今天的城市规划中，古人只做到大的城市结构，诸如道路系统、水路系统和城门、钟鼓楼等重要公共系统的设计，而街区是任其慢慢生长的。正因为如此，中国才留下那么丰富的历史文化街区。因此，不可能有四海皆准的保护模式，更不可以简单地采用先控规、后详规、再建筑设计的程序。

其次，历史文化街区的可贵在于其本身是生长的、变化的、丰富的，有时代的印记，有彼此的照顾。在古南街就可以看到明清和近代的建筑样式，也可以看到中国传统和西方中世纪的建筑装饰。我形容建筑和街道系统，或者街区和城市系统，犹如肉和骨的关系，腐烂的肉需要剔除，新肉只要有骨架附着，仍然可以血肉丰满而存活。因此，对于历史文化街区的保护不需要有统一的时代风格，但是要有主要风格和风貌的绝大多数比例，而不能"传统——现代"之均质化、杂质化，或者同质化。这是需要谨慎分析研究的，也是我们从两个范围、两个版本进行古南街开展保护规划的真切认识。

最后，随着社会发展与进步、科学技术与设施等水平的提高，人们可以有更多的生活选择，但是如果选择历史文化街区，就是选

择一种慢生活，切不可什么都要。你可以是慢一天、慢三天，也可以慢一世，但不可要求这里轿车直达住家，而又大灶慢火烧饭。生活本身是一种选择，历史文化街区只是赋予人类有根有源、有灵感有动力、有价值追求的一种场所而已。选择是一种权利，也是一种舍得。只有不面面俱到，才有可能技术可行，实现历史文化街区价值至上的保护，而不是肤浅的形式和风格保护。

从为当地留下形态特色，到为城市留下活态产业，为社会留下文化遗产，在不断扩大的保护圈层和保护意识中，不变的是对于生活的理解，她宽广而流动，汩汩向前。

我们的诀窍就是
走到群众中去，听群众的声音
——苍盛访谈

受访人 | 苍盛 ^{宜兴市丁蜀镇} 建设科科长 ———————— **采访人 | 群岛 ARCHIPELAGO**

群岛 / 您是什么时候开始在丁蜀做保护和城建方面的工作的？

苍盛 / 我在丁蜀的工作是从2011年开始的，在这之前，镇里的建设管理工作相对比较简单，也比较传统，无非就是修修路，或者哪里的房子坏了去修补修补……关于历史街区和建筑的保护，其实在当时的丁蜀乃至整个宜兴也没有大范围地开展起来。这方面的工作主要是从宜兴申报国家历史文化名城之后开展起来的，因为历史街区的保护是"申名"的硬性条件。

就整个宜兴来说，历史街区有三片，东风巷在宜城，另外两个古南街和葛鲍街区都在丁蜀。因此从那时候就开始比较重视传统文化和历史街区的保护了。

群岛 / 那时候也差不多是伍镇长调任来丁蜀的时候吗？

苍盛 / 伍镇长原来在宜兴的周铁任职，在宜兴申报历史文化名城的时候，伍镇长负责周铁镇的一条历史老街的改造，当时也是和东南大学合作，后来有不错的反响。从宜兴来讲，周铁镇的历史文化保护是数一数二的，周铁镇也是第一个申报成功的历史文化名镇。

后来市里委派伍镇长来丁蜀工作，应该也是看中他在这方面工作的经验。因为从文化和历史资源来讲，宜兴的所有资源基本上都是集中在丁蜀。比如说陶文化，丁蜀镇就是代表。

群岛 / 那在刚开始做保护时，丁蜀古南街是什么样的状况？

苍盛 / 简单说就是传统意义上的城中村，老破小。你看到目前整条街上比较老的房子，在当时算是保护得比较好的，那其他的就比较破败了，甚至有很多房子屋顶都塌了，一走进去就能看到天，整条街道真的可以说是脏、乱、差。

群岛 / 那房子的产权情况呢？

苍盛 / 产权也是蛮复杂的。这里面有私房，也有公房。所谓的公房又分为几种：一个是归属政府的，包括周边的国企和私企的；还有一部分是公房租给当地的，归我们下面的丁蜀房管所所有。这两块加起来差不多有一半左右的占比。这部分公房有一部分是房管所收回来了，政府也收回来了，没有人居住不出租了；还有一部分依然有居民租住在里面，包括有一部分家庭条件不好的住在里面，或者还有一部分家庭条件好了，但父母住这边。

群岛 / 当时居住在这里的老百姓是什么心态？

苍盛 / 普遍的心态还是想要拆迁。古南街这个地方在十几年前就比较没落了，老百姓住在这个地方，想搬出去要花很多成本；不搬出去，但没有拆迁也很痛苦，他们认为我这个居住环境都这样了，你们还不作为，就是不理他们的死活。七八年前，这里大一点的一套房子两三万就可以买下来了，他们很怨声载道的，是认为自己没有得到真正的实惠和利益，因此那时候要求全部拆迁。

群岛 / 那现在这里的房价呢？

苍盛 / 现在完全不一样了，你看整条街现在的状态，再看看改造修缮好的房子，现在每平米开价要两万了。

群岛 / 房价这么高了？快赶上一些大城市了，有人买么？

苍盛 / 前两年成交了很多，好多都是外面人买了以后在这边自己做店面或者工作室。十几年前，老百姓很乐意房子被拆掉，他们可以拿到拆迁补偿。现在观念不一样了，觉得如果拆迁，搬出去也就值那么点钱。老百姓现在反倒是乐意花几十万自己改建，他们想我即使花40万改造，那么有这么多人想租这里的房子，我只要租出去这个房子，一年可能就有两三万的收入，十年以后本钱就回来了，房子还是自己的，也还比较新。

群岛 / 那这个转变是怎么发生的?

苍盛 / 其中的过程太曲折了，真是不容易。其实古南街早在2003年就开始做调查、做规划了，那时市里还成立了一个古南街的历史建筑筹建办。但那些都是基础工作，当然有一个过程，也需要在做了这些工作之后再慎重地决定后续工作怎么推进。但是老百姓的心里很急切，他们想要看到立竿见影的效果，因此，他们就觉得前期的工作是雷声大、雨点小，也就怨声载道。

后来等我们进驻要开始保护修缮工作了，老百姓还是有很多不理解，甚至有对立情绪。当时几乎每个星期都会出现有人把我们堵在办公室的情况，问我们政策；还有人去举报，就投诉我们的政策因人而异，不公平，有私底下的交易。有时真是让我们哭笑不得。当时我们在古南街的办公室就相当于一个居委会，虽然只有两三个人，但要面对的问题方方面面、一应俱全，我们都要耐心地、不厌其烦地一一解释。

我印象很深的是有一位居民，不能说他不讲道理，他的性格很耿直，说话很强硬。我们刚进场时，他就当面跟我们说，"古南街这个地方是被所有政府官员遗忘的角落，你们这么多年不来，现在还要找我们配合这个、配合那个，我看不见动静，你们就不要来！"。其实，他这个人在这边的老百姓里面是属于讲话算话的，他个性很直，说一就是一，不少年纪大的老百姓都听他的。我们来的前一天，可能他和居民们也搞了小组讨论会，已经商量好方案了，第二天见到我们就堵着我们，不管怎么说就是不同意……

我们一开始也不知道，后来开座谈会，是第一次好不容易地来做社区工作了，结果会场上鸡飞狗跳，领导还没有讲完，下面的居

民就一顿说……我们说大家有什么诉求尽管讲，讲完以后我们都尽量落实，但这也需要一个过程。开始他们还不相信，说就算这次说的都做完了，但你们做一年领导一换之后，就又不来帮我们了。

我们一般是年底开会，或者过完年以后开一个，对去年我们做出的承诺给居民们一个汇报：你们提的要求哪一些做完了；哪些没有做完，但其中的原因是什么，不是我们没有做，而是推进了，推进到哪一步了；今年我们还准备做什么；最后是大家准备要我们做什么，还有什么要求。

就这样，第一年终于能讲完话了；第二年就可以心平气和地开始谈了，这边怎么样那边怎么样，让居民继续提要求。比如前面讲的那一位，他就提改他的房子可以，但是要安装监控，360度无死角，铝合金的门要换成木门，等等很多要求。我们说符合政策的肯定会帮你做，一些可以顺带帮你做的也会给你做。从2015年开始，一直做到2017年，再后来这位居民看到我们就说到我们这边喝口茶吧。有几户有公信力的居民的工作做好之后，后面就会顺利很多了，毕竟老百姓他们是讲道理的。

群岛 / 现在居民还有什么要求吗？

苍盛 / 每次开会居民们还是会提些要求的，但都是很合理的要求了。每次开会，伍镇长都会点名让几位居民代表提要求，比如2018年底开会，那几位说今年没有什么别的要求了，就是能不能把路灯多装几个，晚上的街道有一点暗了。

群岛 / 好像现在确实搞了亮化……

苍盛 / 这个亮化和以前的不一样，以前是太暗了，多装了一点庭院灯那种；2021年是局部感觉有一点暗，因为人多了，一些重点位置要再增亮一些，想搞好灯光也是很费神。今后，我们还要做西街那边沿河和屋面的亮化，作为景观照明，都已经做在计划里面了，方案也已经做好了。

群岛 / 那实际的修缮或者改造还是有很多技术难题的吧？

苍盛 / 是的，其实很多都是人际关系问题。比如我们对面那一家，原本他们家是准备改造的，但是因为和隔壁有矛盾，隔壁家不改，也不同意隔壁邻居改。街上的老房子有一个特点，户与户之间的墙都是共有墙，一家要改造必须征得隔壁人家同意，否则你一拆，人家的屋顶都掉了。除非你自己格局大一点，这堵墙我给你重新砌一遍，那还可以。但如果历史上就处得不开心，有矛盾有怨气，心里就会想我凭什么配合你。如果这样，我们政府还得出面帮助协调邻里之间的关系，需要做很多工作。

群岛 / 最根本的还是和人打交道。

苍盛 / 是。刚开始工作比较难开展是因为居民觉得这么长时间没有得到什么实质性的帮助，对政府工作的信任感还没有建立起来。

今天，就在我和你见面之前，我在街上一户居民家里，那户居民在我们第一次去做方案的时候就骂我们；今天去的时候，这个居民就说你们这个镇长好不容易啊，你们说过的，我们终于看到了。我当时心里想，上次你们骂我们的时候可不是这么讲的。（笑）我记得当时我们被堵在安置房里面，在那边写承诺书，写如果年底做不到怎么怎么样，我们一直被堵到12点多。那时候，伍镇长刚刚来了一年半，就被堵在安置房建设小区里面，彻底堵住。伍镇长回来以后第二天正好办公，他说你们抓紧干，我以后还能不能干下去就看你们的了。

随着我们一点一点把工作落实，信任感建立了，后面的技术性问题就不那么难了。我们给居民的承诺是：我说我答应你的如果做不到，你可以找我，骂我都可以；但是时间上面我不能保证，因为老街道、老房子的修缮和改造是个技术问题，我们要合理和慎重地推进，这要看实际面对的工程问题，不是随便一个人可以说了算的。因此，我觉得最难的和最重要的问题，就是做好居民们的工作，以人为本，那我们的诀窍就是走到群众中去，听群众的声音。

我特别感激之前的历练，
我和这个城市都获得了成长
——储诚亮访谈

受访人｜储诚亮 原宜兴市
丁蜀镇旅游科 ——————— **采访人｜群岛 ARCHIPELAGO**

群岛 / 您一直是在旅游科工作吗？

储诚亮 / 我是2009年进入丁蜀镇政府工作。在这之前，我在宜兴市规划局工作了两年，之后就来到丁蜀镇建设局。从安置房建设，到市政道路的修补，可以说丁蜀的城市建设，我从一开始工作就深度参与了。同时，因为我是城市规划专业出身，又有规划局的工作经历，所以很多项目都会让我去参加方案论证。

我从2012年开始负责丁蜀镇的城市排水工程。丁蜀镇的排水

系统在以前有很大问题，第一个问题是排水系统过于陈旧。丁蜀镇20世纪50年代末就是陶瓷系统所在地，到后来江苏省陶瓷公司成立，包括大大小小的陶瓷厂区都在镇上。它的市政系统可能比宜兴城还早，但是经过了几十年的运作之后，从大型企业模式转变为城市管理模式是肯定有阵痛的，排水系统的老化就是其中之一。

第二个问题是雨季排水。当时主要的核心镇区都是我在负责，手头的各种基础资料都有些跟不上。以前在市里面的时候，资料都相对专业，到了这边就很不一样。当时我对丁蜀镇也不了解。我就每天带一张地形图，用脚去走。镇上基本每个角落我都去过，做好记录，回来以后存进电脑。我用半年时间完善了整个基础资料，包括地下管网、雨水污水、强电弱电等。涉及最多的就是和道路相关的，特别是人行道，绿化带里的一些管线井盖。我会把每一个井盖的位置都标出来，包括它们是属于哪个公司。一旦出现了缺失破损，我必须第一时间安排人到现场抢修。这看起来是个小事情，但也需要用心去做。

群岛 / 那这相当于把市政公司的事给做了？

储诚亮 / 是的。当时条件也不允许，如果整体勘探测绘，代价大，周期长。我用工作之余把这块做了，也给后来的工作带来了便利。当时以电话联系为主，有街道报警的话，我们可以根据这份资料迅速反应。基本上只要描述一下形状和颜色，我们就知道了。

　　除此以外，我们也逐年安排管道清理和疏通。这些管道原先建设标准就不高，加上老化，流量就很有限了。我们花了大概三四年时间，把整个管线疏通了一遍。那时候每年都有极端降水出现，但我们这边一直没有被淹，无论是我们还是领导都很自豪。当时有3个特别困难的点位一直没有解决，在我管辖的最后一年里也都解决了。

　　之前的工作经历，让我见证了这几年的城市建设是如何慢慢改善老百姓生活条件的，这跟整个城市的脉络也是息息相关的。后来，我们开始在日常的改造中植入文化元素，并从方案阶段就去植入。这些项目虽然不是很大，但能切切实实见到效果。比如电线杆、红绿灯、花坛这些很小的节点立面上，融入本地的陶瓷元素。除了这种改造，当然也有保留。那个时候我收集了很多资料，对于能保留的我们尽量保留，保留不了的我们拆了复建。

　　这些改造初步完成以后，我们就启动了老小区的改造，一个个小区改过来。我负责的第一个小区就是钧陶小区，那个项目很有难度。它以前是职工宿舍楼，几十年下来变得破败不堪。之前在公共区域做改造，大部分人都比较配合，但老小区改造讲好听一点叫"穿衣戴帽"，难听一点是"开膛破肚"，这里面有特别多的矛盾，都需要我们和老百姓打交道，协调好。

　　那一批老小区改完以后，我做了青龙河公园。这是一个比较重要的节点，在行政的核心区域，也是新城老城交接的地方。当时老城区人流量大，公园却很少，较早的龙溪公园完全不够用。青龙河公园总造价只有2000多万，而且工期紧。但即使如此，我们还是会在现场一点点磨、一点点调整，在保证顺利完成任务的情况下，把东西做精细。

在2015年左右，我们镇长预判了特色小镇建设，那时候单独提出了一个版块叫历史文化和生态环境建设。我们就在前期零星的景观节点、休闲设施的基础上正式开始特色小镇的建设。2015年，我们做了两个重要的规划：第一是请同济大学的阮仪三教授做历史文化保护与利用的规划，第二是请东南大学在蜀山片区做了一个文化提升项目。因此在2016年第一批全国特色小镇申报的时候，我们赫然在列。

拿到这张名片之后，我主要负责这个版块的建设。当时最重要的项目就是蜀山古南街的改造。我们当时也在做试点，进场的时候，整个古南街的300多户居民，有100多户已经空置了，我们利用这三分之一的资产，逐步进行保护修缮。这类古建和历史街区受到的限制比较多，因此难度也是挺大。当时领导考虑也周全，为我们开辟了一种就近的模式，选了5家文保一级资质的单位来试点。我们给这5家单位建了一个初步的库，一家负责一个点，做完后对业绩进行考核比较，大体上都做的不错。如果不按照这种方式去示范管控的话，大部分老百姓会比较草率地改造自己的房子。因此那个时候先放了个样板，也确实感染到了老百姓。那时候有人为了出租也开始翻新，找的是当地不太懂专业的人。我们就现场直播，展示一个专业的改建过程。后来老百姓也逐渐认可了我们的模式，也认可了我们的品质。

房子改建完，市政建设完之后，就是街区管理了。当时政府引进了一个物业公司来管理，把原本开敞的街区当做小区来管理，解决了日常保洁安保，也解决了一些展示接待等点位的运营，到现在还在持续运作。当然，因为这是一个往景区方向倾斜的生活区，所以有很多矛盾需要协调，到目前为止还在做一些提升和管理。

　　我2018年到了旅游科，我们就组织活动加强街区的运营和管理，比如通过蜀山陶集，也是我们做的一个文创集市，让它热闹起来。第二个项目是前墅龙窑。

群岛 / 前墅龙窑算是国保单位吧？

储诚亮 / 是的。其实和古南街那边差不多，但它比较集中，二者都以保护利用为主。在2018年的时候，龙窑展示馆建完后举行了开馆仪式；2019年举办了国际柴烧艺术节，和上海艺术学院一起合作，并邀请了80多个国家和地区的陶艺家。那时镇上像是一个集中的陶瓷文创营地一样，艺术家们用半个月做了一批产品，然后进龙窑烧造。目前为止，龙窑里就这一座还在烧，每次点火开窑的时候，我们都会做一些宣传活动，每次会有不同的主题，让大家参与进去。

　　第三个项目是莲花荡农场，包括太湖绿道周边的建设，是与生态环境相关的。之前因为养鸡、养猪、养鱼，水体污染很严重，从2012、2013年开始，政府加大管控力度，把造成污染的养殖产业都搬迁出去，水质才慢慢好了起来。在这个过程中，我们也从文旅的角度给农场配备了一些配套，比如茶室这类休闲的地方，或者搞一些自行车露营的活动。太湖绿道周边也是如此，在路网建设完成之后，也引进了自行车骑行项目。除此以外，日常期间我们也会根据园区的产品特色，做一些水果采摘、兰花参观之类的活动。陆陆续续做下来，这些点位都更加热闹了。从整个丁蜀镇的角度，这只是其中一些具有代表性的点位。当年阮教授给丁蜀镇梳理出了许许多多的历史文化遗存，我们在几个点位的改造后，也会陆续把更多历史文化街或店串联起来。无论是本地客群，还是长三角地区、北上广深乃至全国的客群，我们都会根据大家不同的需求来做旅游点位。

以上就是我工作十多年来，从市政建设，到历史文化建设，再到旅游工作的一个过程。

群岛 / **那您为什么选择离开政府，从事现在和紫砂相关的工作呢？**
储诚亮 / 我自己本身是学规划的，对自己的人生也有想法和规划。我当年从市规划局到丁蜀镇来工作，就常理解释不通的。

以前在外地上学，很多人听说我是宜兴人，就会问到旅游的话题，但其实我周围的人只有一小部分会参与进来。我内心就觉得应该来接触一下。真正参与了之后，我对这件事情很感兴趣，自己参与、去做、去总结，也有了一些想法和积累。当初从普通的工程管理转到历史文化的建设管理，再到文化旅游管理，其实领导也知道我有兴趣爱好，所以就让我来管这块。

我特别感激之前十几年的历练，我和这个城市都获得了成长。在这样一个政府体制中，我的思维方式、交流沟通能力都得到了塑造和历练。

群岛 / **我觉得您刚才讲的这些特别好。您刚才所说的排水系统，这也是和老百姓息息相关的城市建设，这也是城市的良心。**

储诚亮 / 我们很多项目的建设，早年的时候都因为资金问题，或是其他人力物力问题而有所欠缺。我们的出发点是民生，首先要解决基础设施问题。其实古南街也是这样，政府下决心用这么长的周期去做一个看起来没有多大收益的项目，其实出发点也是为了民生，也是为了改善老百姓的生活，只有这样才能获得大家的支持。

我后来做了文旅这块，比如蜀山陶器，也是基于我这么多年的接触和调研。我当时就是想要把当地的陶艺从业人员，一些年轻人、手艺人挖掘出来，给他们一个平台展示自己。其实究其根本也是从民生的角度去考虑，我是从基层一线开始做的，会很了解社会的需求。

在这个过程当中，会遇到各式各样的问题，就像我前面讲的那样，这些问题是政府的基层工作人员必须面对的，只有这样，老百姓才会逐渐熟悉你、信任你，最后接受你这个人，接受你做的事。

我记得2020年，我们从3月开始做集市。第一场的时候，整个古南街特别热闹。有个老奶奶很激动，看到我就说：自己活了一辈子，古南街今天晚上是最热闹的。当时我就觉得，这句话不管是对我个人的工作，还是我们的政府，都是非常高的评价，对吧！

02
古镇是我家

西街烟火,
徜徉恣肆怀无忌
——方兵自述

讲述者 ———————————————————— 方兵

1980年,我出生在蜀山蠡河边的西街上。

自有印象开始,蜀山作为紫砂发源地,并有运河流经,一直是很热闹的地方。窄短的老街熙熙攘攘的都是人,听书、喝茶、泡澡、小吃、百货一应俱全,上下学不是走青石板的老街就是翻蜀山,留下了我童年最美好的记忆。

不过这一切在陆路交通发展后渐渐没落了。在一直变化的时代中,蜀山的景象却一直没怎么变。因此,那时的我选择了最好的

逃离方式，上大学。

度过金陵十四载，2013年在沈旸的"哄骗"下，我选择了回归，让自己重新回到这个既熟悉又陌生的家乡。

可能离开太久，也可能不适应新的环境、新的人，再三考虑后决定先给自己做一个独处的空间。对没有装修经验的我来说，只能用自己发散的思路加上用心的摆弄，便有了此间"德器道"。室名取自"德器有至用，道心在唯微"，不外乎内心逐清的向往。空间完全按照自己的喜好来摆弄，根本没有考虑什么风格，就是为了让自己舒服。

这间几十年的老房子是在以前的地基上建起来的，虽是乱砖墙，但也冬暖夏凉。除了正常的修修补补外，用原木做内层装饰，辅以暖黄的墙；本身空间尺度有限，因此硬装部分不多。为了节

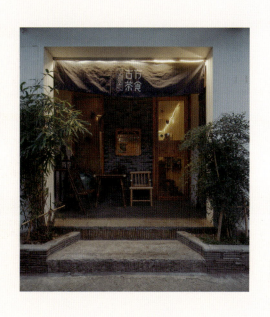

省费用，大部分人工都是我和父亲两人亲自上阵——从新材料到废料处理，从铺地到家具，为老爷子的辛苦深感歉意。

过程中的一切让我真正感受到只有生活在老街上才会有的自由气息，在城市是不可能随意在公共空间里做东西的，而在这里，和邻居打个招呼，自家门前就可以摆开阵仗，其乐无穷！

可能是无心插柳，抑或是在外游历的沉淀尽数在这个空间释放。茶室弄好后从人丁寥寥，渐渐到后面许多人慕名而来，门前的这条老街也从无人问津慢慢地开始被人问询。

原本母亲很反对我搞德器道，原因很简单：费钱不赚钱。后来或许是看到许多人对茶室的认可后，她也就放开了。

感慨之余，也为之后的发散埋下了伏笔。

……

随之，2014年就搞了第二个空间。起初是为了装修而装修，并没有细想要用来干嘛，折腾了大半年，终于落成。

其间，沈旸引荐我认识了张正中老师，便开始去张老师那里学紫砂。学壶很苦，且没有收入。而装修出来的两个空间都是茶室，不能产生实际的经济效益。这样现实的生活问题就更加明显，父母也一直唠叨。

直到2015年中，和友人交流的无意间，瞬时就想通了。紧接着把后面的小院子拾落得当，终于在10月初开张，就是现在的"古方茶食"，名字源于自己的网络 ID 加自己的姓。

当时想着宜兴的茶文化也是悠久，不如做一些与茶相关的美食料理。从事设计的人多少都有些自己的情怀——做一间属于自己的小店，加上自己好吃，没想到是回到家乡后就这么把事给办成了！

餐厅刚开的时候，街坊邻居说起在这种地方开怎么可能有客人。殊不知时代不同了，自媒体效应下，餐厅火了，成了所谓的网

红店。本地的、外地的，媒体、频道通通来了个遍。

　　整个2016年，餐厅的发展变化完全超出了我的想象。原本只是因为自己的房子，自家经营，没想到如此火爆，也慢慢发现了诸多不足之处，需要一一解决。

　　……

　　作为一个土生土长的宜兴人，从小最喜欢吃的就是，原先只有逢年过节才能吃到的土灶烧的菜饭。

　　2017年任由自己的意愿再单独装修了一间房子，砌了清水土灶，这样就可以在家吃上小时候的味道，取名"今元斋"，"古方"对"今元"，也算把自己家的房子全部圆满地利用完整。

　　虽然做餐饮还是个新手，但有了小店这个平台，身边往来的朋友越来越多。

　　……

　　2015年底，我决定在门前的这条街上开一间民宿，一间真正有主人、有生活、更有情致的民宿。其间看房子、找房子的过程漫长，苦乐自知。花了一年多时间，经过多次选择和交涉后，确定了房子。

　　开工当天就和房子的邻居发生争执，并始终无法和解，可能是老一辈人对现在的很多事物不够理解，或许是市井人家的本真吧。忙活了一年，西肆从想法初定到建成，参与的都是专业极好的伙伴，中间经历了诸多曲折，也让我完整地体验了一回空间再造的全过程。

　　完成改造的空间极大地保留了原有面积。设计选用了空心砖，这种最常见的外墙砌筑材料，但在这里是被用作装饰。这样的设计对于一条几百年的老街来说，应该是完全超乎原住民的想象的。

　　民宿主体是针对家庭出行的需求而设计的，并单独设计了孩童娱乐的空间，以及茶空间。共四个房间："肆怀"，肆游骋怀（二楼双床亲子间）；"肆悦"，肆目心悦（二楼复式情侣间）；"肆忆"，肆行坐忆（一楼标准间）；"肆情"，肆意诗情（独立多人间）。

民宿离餐厅只有几步路程，早餐就是在我家和我们一起吃。我妈做什么，大家一起吃什么。吃完一起喝茶聊天，孩子们可以一起玩耍。在这里，完全可以体会到宜兴本地的生活。蜀山、古南街、东坡书院近在咫尺，三两个人在此度一个周末也是别样的体验。

德器道，古方茶食，今元斋，西肆，2013—2018整整五年。

从回乡第一天开始就一直折腾到现在，有赖于家人、朋友的鼎力相助，而我也乐在其中。不过现在，自己的本职还是做一个紫砂手艺人，与设计、与紫砂、与茶有关的元素也将贯穿于我的后半生。在这里，在这些有趣的空间，结识更多有趣的人。

"小铺一二处，饮食男女花酒诗；

老宅三四间，徜徉恣肆行无忌。"

这是我回乡后心中的歌！

在这里，我找到了
自己喜欢的生活方式
——汤志勇访谈

受访人｜**汤志勇** <small>蠡河涛声 主理人</small> ————— **采访人**｜**群岛 ARCHIPELAGO**

群岛 / 您是从外地过来丁蜀定居生活的，您喜欢这儿的生活吗？

汤志勇 / 我老家在浙江温州，认识我夫人以后来到丁蜀。我很喜欢这里的生活，有茶，有陶，一种自然生长的陶式生活，非常适合我。

群岛 / 那您目前的生活状态是怎样的？

汤志勇 / 我夫人出身于陶艺世家，家中所有人都从事与紫砂相关的工作，我也是从最初的制陶过渡到宜兴陶文化传播的工作上来，现阶段，我一直用摄影的方式记录紫砂、紫砂人的状态。

群岛／那您的生活节奏是怎样的？每天早上、下午的时间是怎么安排的？

汤志勇／我现在的生活很有规律。因为家里还有一个孩子在上学，所以每天起早送完孩子，就直接到丁蜀镇顾绍培艺术馆开始我一天的工作安排，一部分是处理一些行政事务，另一部分就是给我夫人的徒弟们安排一天的课程、物料。艺术馆的工作安排妥当，我会抽出时间带着相机到古南街，边走边拍，是一种生活记录，也是古南街本身带给我的美好。

群岛／在古南街主要是做什么呢？

汤志勇／喝茶、交流，如果有小型展览的时候就会忙碌一些，基本上都是围绕着紫砂展开的。有壶，有茶，有朋友，来到古南街，会觉得这里就像一个会客厅，四面八方的人来到这里，品茶、赏陶，交流文化。这里也像一个人生的站点，每个来到这里的人，都会在这步履缓慢的氛围里对比自己现有的生活是否需要改变，这就是古南街的魅力所在。

群岛／因为紫砂的缘分，所以您在古南街做了这个空间，就是因为街区改造才被吸引过来的是吗？

汤志勇／是。我夫人的老家就在古南街，她自幼在这里生活，在这里的陶艺生活里耳濡目染地长大，她对这里一直有着一份家的情结，我受她影响，对这里也多了一份情怀。我们经常带着孩子们和徒弟回到这里探访以前的老邻居，以及家境困难的老艺人，适当给予帮助。机缘巧合，近几年，政府对古南街的改造和修缮工作逐步完成，有了脱胎换骨的面貌，得益于硬件设施的改善，我们在这里有了一个空间，取名"蠡河涛声"。

群岛 / 您和您的朋友一般在这里做些什么类型的活动？

汤志勇 / 我们在这里做过读书会，还有小型的书画展览。还有一些我们圈里的朋友，有一些像我一样也是从外地来丁蜀定居生活的，我们会借着一些节日，比如说中秋节，正月十五，把大家聚在一起，在我这个空间里搞一个雅集，以书画的形式，各自发挥自己的特长，比如大家就着同一个主题共同创作，你画一幅画，我写一点字，就这样，一种很放松的，也很愉快的文化上的交流。这里是一个空间的同时，也是一个家。

群岛 / 那您的其他朋友对您目前的生活，尤其是在古南街这里的生活状态是怎么看的？

汤志勇 / 当然他们都很非常羡慕的。特别是有一些朋友经常会打电话约我，问你今天空不空啊，我要到你这里喝喝茶、聊聊天。其实他们每个人都很喜欢目前古南街的这种氛围和环境，坐在这里翻翻书，喝喝茶。有时候即使我没有空来，我也对他们说我这里随时有人，随时开门，你们就直接过来好了。我的朋友们也会约几个他们的朋友一起来这里泡一壶茶聊聊天，看看书，就是这样的氛围。我想这其中最根本的原因，是他们平日都处在快节奏的生活当中，一直身处在嘈杂紧张的城市环境中，当他们来到我这里时，会让人的

心灵安静下来，因此，他们当然喜欢时不时来我这里放松放松，更何况这里还有这么浓的文化氛围，每个人都有这种精神需求吧。甚至有的人在这里待一个下午都不肯离开。（笑）

群岛 / 我看到您这里，包括其他空间里，好像每个人都很开心……
汤志勇 / 您看住在这里的老人，其实很多老人的子女在外面都有了新房子，但他们就是喜欢留在这里，已经习惯了这里慢悠悠的生活。他们每天其实很开心的，每天几个老邻居约在一起打牌，这种开心在其他地方就很难找到了。

群岛 / 我们采访伍镇长的时候，他提过现在古南街的生活，包括您做的"雅集"这样的活动，就是丁蜀最高级的旅游产品……
汤志勇 / 我去年还接待了一个搞金融产品的团队，他们的人是从全国各地飞来的，他们是做一个类似线下交流的活动。我接待了他们，前后一共接待了两次。他们中的人每一位的身家都是在1亿以上的，但他们就是要找一个有品位的地方放松一下，喝喝茶吃吃饭，一起

交流交流。我说人不能太多，多了我这里也确实坐不下。最终我
两张桌子拼起来的，一共坐了十几个人。我又从外面聘了一位厨师，
专门负责他们活动的餐饮，那时候我的空间也是刚刚才收拾好，有
的服务还没完全跟上，但他们依然很开心，说是很喜欢在丁蜀的这
种生活。

群岛 / 是的，我们都感受到了，从外地来的、包括平时生活节奏很快的一
到这儿都很喜欢这里。

汤志勇 / 以后古南街还会有更多配套设施，包括陶文化的一系列体
验，例如可以亲自动手、全程体验紫砂的制作过程，让更多的人可
以自己创作一些东西。

群岛 / 嗯，需要有人专门来做这个事情。

汤志勇 / 现在已经有一些新的方式融入古南街这个旧街区了。比如这里有一家工作室，他们通过分享空间的方式，给来到古南街的人一份体验，比如紫砂陶的制作体验。其实不光是古南街，今天丁蜀镇的其他地方也很值得走一走，比如我们还很喜欢去莲花荡，在不同的季节看不同的花开，莲花荡给人一种"花田喜事多"的感觉，就像我们看到花开的那种美好，心里就很喜悦。

群岛 / 莲花荡那里也很好吗?

汤志勇 / 对。莲花荡很漂亮的。一年中最好的季节是两个时间：一个是春天油菜花盛开的时候；另一个是秋天，稻子成熟的时候，风吹过来，那一片金黄色的波浪很漂亮。下回你一定要春天的时候，或者秋天的时候来看一看。

群岛 / 我现在听说"陶式小院"正在评选，我觉得您的院子应该可以被选上。

汤志勇 / 这个对我来说不是特别重要。每一个来到蠡河涛声的朋友，都是冲着一份休闲、自在而来的，这就是我心里的"陶式生活"。我本人也在泡茶、饮茶、拍摄我所见的一切与"陶"有关的生活里感觉丰富，如果有人来到这里，喜欢这里的生活，或者因为我的照片而感觉美好，那对我来说更是一种富足。

只有百家齐放、百家争鸣，
才能把陶都的地方本性体现出来
——鲍鲲鹏访谈

受访人｜鲍鲲鹏 ^{宜兴市陶瓷进出口有限公司}　————　采访人｜群岛 ARCHIPELAGO

群岛／我们希望对整个城市的历史文化，包括产业格局都有一个宏观、全面和体统的介绍，也许我们可以从上世纪末、本世纪初的陶瓷公司改制之后聊起？

鲍鲲鹏／我以前在陶瓷公司负责进出口部门，在2000年改制完成之后，镇里的王书记把我作为引进的企业人才拉到镇里，对我们给予一定的优惠。从2003年，我就开始办厂，因此，我的企业其实是从03年就开始办。那个时候，丁蜀的园林陶瓷整体在国外的市场的占有率不是很高，经营得还不成熟。经过近20年不断的坚持，加上地方政府给予我们的各种优惠、政策导向、与院校的对接开发，我们在整个行业中已跃居第一名。这个第一名不仅仅是指丁蜀镇是宜兴市的第一名，可以说是在整个中国，乃至整个东南亚和全世界，我们的园林陶瓷，特别是户外的园林陶瓷，都是第一名。

群岛 / 您说的园林陶瓷是指与植物栽培有关的器物吗？
鲍鲲鹏 / 对，以花盆为主，包括园林里面的装饰物，比如说鸟食盆、喂鸟器这一类。

群岛 / 这个门类在投资公司的时候就是齐备的吗？
鲍鲲鹏 / 对。当时的历史背景是不一样的。陶瓷公司是一个国营的企业，相对来说，对品质、外贸的要求品质、包装和交货期都没那么重视，因此整个外贸行业是有点惨淡，客人的投诉索赔不断，这种状况限制了这个行业的发展。这就是我为什么从一个外贸公司跨行进入生产企业的原因。

群岛 / 在国企的时候，是不是有其他的企业和您竞争，还是说当时的市场份额其实已经不错了？
鲍鲲鹏 / 当时其实我们整个陶瓷公司都是以内贸为主，所有26家生产企业加起来的出口额都不足1000万美元。更何况那个时候是以金陶餐具为主，包括紫砂茶具，现在做的园林陶瓷也是一支，但是相对来说出口额不是很大，不会超过100多万美元。

　　当时出口地主要是以欧洲、东南亚为主。我们虽然知道美国市场是最大的市场，但当时还没有打开美国市场，而是一直以欧洲、澳洲、东南亚、日本为主。但是这些国家的采购量都比较小，也不是大型超市。我们现在的销售市场已经调整成了欧美，合作的都是世界前500强的零售店。

群岛 / 那现在我们出口的总量占它们进口的多少份额？

鲍鲲鹏 / 大型的园林花盆已经占到百分之六七十。其实除了宜兴，国内还有其他产地，包括湖南、山东、潮州、德化等。但是相对来说，我们的竞争力更强。

群岛 / 您这边优势是什么？

鲍鲲鹏 / 我们的优势是适合做中大件产品，小件产品比如室内的花盆，我们可能就比不过他们了。这个优势实际上和我们这边的陶土特性有关。

群岛 / 丁蜀的陶瓷产业员工数在鼎盛时期能达到多少？

鲍鲲鹏 / 将近有10万陶工吧。当时我们丁蜀镇以陶瓷产业出名，20世纪90年代的时候，投资公司还是相当辉煌的，到了90年代末，各方面都在改制，再加上那个时代对销售的重视程度不够，销售环境也不是很好，内贸开始有点脱节，导致我们整个陶瓷公司一下子就到了破产的边缘。

丁蜀镇还有一点比较特别，城市建设都是陶瓷公司下面的企业来负责。比如现在的房地产，当时是叫企业宿舍，都是各个厂自己来盖房子，造成城市发展不系统、不规范、不均衡的局面。

在2000年之前，丁蜀镇烟囱林立，是灰蒙蒙的一片。但是经过这几年政府的大力整治，将煤油改成清洁能源，把水泥厂、石膏厂等环评不过关的产业全部迁出，生活质量一步步的提高，可以说是山清水秀，老百姓的幸福指数也大大提高。丁蜀镇是一步一步从脏乱差发展到适合人居、有特色的陶瓷小镇。

群岛／所以说从2000年之后，随着转制慢慢完成，城市建设才慢慢开始有一点起色对吧？我们了解到，最早是04、05年开始做古南街保护的规划，当时的城市格局除了如古南街、葛鲍街区，这样一些老街，其他地方基本上是类似于厂区和配套宿舍这样的格局吗？

鲍鲲鹏／对，基本上是这样的，陶瓷厂区已经占了丁蜀镇的主要街道和主要区块，古南街相对来说保存得比较好。

群岛／以前这些大厂的配套居住区，是不是有一些会保留下来，一些变成新城市的开发？

鲍鲲鹏／首先要感谢我们的政府领导，特别是我们伍镇长的前瞻性格局和思路。我们投资公司在改制的时候，很多工厂，特别是沿街工厂都被房地产公司收购，开发成了房地产，葛鲍旧居就在大兴厂里。如果没有政府的极力主导和参与，葛鲍也会被改成房地产而消失。

丁蜀镇还有一点比较特别，在70、80年代甚至到90年代初，丁蜀镇是相当繁荣的。因为是企业来规划建设城市的，所以会把一些老建筑拆掉重来。

群岛 / 现在的新城区范围是不是比之前大很多了?

鲍鲲鹏 / 对的。在我小时候,丁蜀只有两条街,一条是解放路,一条是公园路,然后再一条就是到蜀山。

群岛 / 从丁蜀本身的产业来讲,紫砂是独树一帜的,那其他的门类,比如建筑用陶、日用陶、一些非金属等,在全国的产业格局当中,大概是一个怎样的位置呢?

鲍鲲鹏 / 丁蜀之所以称为陶都,不单是因为紫砂,紫砂只是"五朵金花"中的一朵。通过前几年的培育发展,包括政府的政策扶持,紫砂已经作为我们一张名片,从"5朵金花"中脱颖而出。其余"四朵金花"是青瓷、钧陶、美彩陶和精陶。韩美林大师就曾在美陶厂待了很久。精陶一般用于制作餐具,在90年代,精陶是我们整个陶瓷行业里做得最好的企业。青瓷和钧陶都是非遗。所以说,我们其他的"四朵金花"也都做得非常辉煌,丁蜀在"五朵金花"里面绝对是龙头企业。

抛开这"五朵金花"不说,我们还有建筑园林陶、工业陶瓷、瓷件、耐火材料等,在全国都处在行业领先地位。因此,宜兴之所以成为陶都,不光是紫砂,也不光是"五朵金花",更是因为陶瓷产业的门类齐全,尤其这几年在政府扶持和引导下,做到了百家齐放,百花争鸣。最近这几年,政府一直在提的口号是要高质量发展,也就是说要想办法把传统的工艺智能化、自动化,整个陶瓷行业也在遵循着这个发展方向不断调整,做到降本、节能、自动化、智能化、清洁化。

群岛 / 从规划上来讲，除了原来的老城核心，新的产业园区，包括您的这些厂子，主要集中在哪个片区呢？

鲍鲲鹏 / 现在丁蜀镇有两个园区，一个是国家级的农业产业园区；另一个是省级的陶瓷产业园区，我们的厂就属于省级的陶瓷产业园区。还有一些老厂改造，政府允许老厂改造成文化类的企业。

群岛 / 您所在的园区是哪一年开始的？现在园区中的企业大概有多少个？

鲍鲲鹏 / 应该是2003年左右开始申报成为省级产业园区。以前这一块是农田，政府有意开发成产业园区，将陶瓷厂家，包括改制后的厂家，都搬迁过来。园区的企业一共有四五百家，绝大部分的丁蜀企业都集中在这个园区。

群岛 / 园区还会随着产业的发展继续扩大吗？

鲍鲲鹏 / 目前来看，它已经在扩大了。根据市政府的要求，丁蜀的陶瓷科创带和以前的高铁新城已经融合在一起。

群岛 / 您从一个普通市民的角度，能否谈谈，比如像蜀南街的改造、黄龙山公园改造，这类改造项目给整个丁蜀带来什么变化？

鲍鲲鹏 / 我觉得像蜀南街、黄龙山这样的老地方，可以说是丁蜀的名片。它们的改造给丁蜀人带来了自信。丁蜀是紫砂文化的发源地，让丁蜀重新焕发生机是政府对我们丁蜀人的一种服务、负责的务实精神。把我们陶瓷文化追根追底，这是一种保护。如果这些地方流失了，今后对我们陶瓷的宣传和发展会是一种阵痛。

群岛 / 这些年，政府对丁蜀的基础建设，比如员工宿舍、城市路网、排水系统等，有哪些大动作？

鲍鲲鹏 / 丁蜀镇的规划是有长期性的。丁蜀镇根据镇区的长期发展，有自己的规划。按照规划的标准，一些宿舍或是违规建筑正在逐步的分化导流。好多违规建筑在前一段时间直接就拆了。依据城市规划，城市建设逐步地进入正轨，纳入一个良性循环。

群岛 / 在宿舍改造了以后，老职工是不是还继续居住在里面？

鲍鲲鹏 / 一般厂区的宿舍都已经改造到位了，政府负责把环保、安保等各方面的辅助条件配套好。如果是违规建筑，政府会按照拆迁补偿条例帮他们拆迁补偿，然后做好安置。主要就包括这几方面工作。

群岛 / 据您了解，丁蜀这边吸引外地人口的比例是不是越来越高了？

鲍鲲鹏 / 是的。据我所知，好多企业，包括陶瓷，以及其他门类都吸纳了很多优秀的外来青年和人才，并且已经开花结果了。比如国家工艺美术大师葛军，也算是外地过来创业的。还有很多人像他一样的人，也在为我们丁蜀镇添砖加瓦。现在流行的抖音也有很多人在做，他们也大都是外地来的。

群岛 / 我昨天去古南街溜达了一下，看到好多工作室，一看就是外来创业的，这些变化也就是这三五年吧！

鲍鲲鹏 / 就是这四五年，而且越做越好了。

群岛 / 我昨天晚上看见一些工人在古南街架市集、布灯，是中秋有活动吗？活动是每年都会有吗？

鲍鲲鹏 / 是的，会有活动，我们文化出口基地也会有摊位。这个活动不是每年都有，但往往会在一些比较重要的节日或周末。主要还是为了推广文化，拉动人气。因为我们是第一批陶瓷特色小镇，人气基础很不错，现在受到疫情的影响，政府也会有导向，拉动一下内需。

群岛 / 像是龙窑开窑，以前也要一年一办的吧？

鲍鲲鹏 / 是的。龙窑有四五百年历史了。每次开窑都比较隆重，政府也会参与。因为它是国家文物单位，有很强的象征意义。现在它在不断修缮，只有确保安全才能烧制。但只要条件允许，政府还是鼓励多烧。

群岛 / 现在无论是生产紫砂，还是其他陶瓷的窑是不是都已经现代化、工业化了？而蜀山一些窑，更多的就是它的历史价值和展示价值？

鲍鲲鹏 / 那也不一定，我们现在工艺逐步向工业化发展，包括紫砂茶壶都是用电压烧或者是用天然气烧，能源的清洁度比较好。古龙窑以前的老法是用松木来烧，烧出来的效果和现代产品的效果是不一样的。各有各的优势，比如柴烧的产品是弱碱性的。

群岛 / 丁蜀打造中国陶都，您从城市建设方面有没有什么建议？您觉得未来哪方面是重要的着力点？

鲍鲲鹏 / 建议不敢说，我只能说提提个人的观点。因为一个中国陶都，各个门类的陶瓷要共同发展、共同繁荣。紫砂是一张名片，但这张名片如果一直用，成不了体系，也成不了一个"都"字的。只有百家齐放、百家争鸣，各个门类和产品并举发展，大家一起打造成行业龙头，才能把陶都的地方本性体现出来。

03
丁蜀圆桌论坛

研讨：丁蜀实践20年

时间 ————————
2021年4月24日

地点 ————————
宜兴市丁蜀镇古南街1-3号

学术召集 ————————
王建国 ｜ 中国工程院院士、
东南大学建筑学院教授

学术主持
沈旸 ｜ 东南大学建筑
学院副教授

研讨嘉宾 ————————
崔愷 ｜ 中国工程院院士、中国建筑设计
研究院总建筑师、《建筑学报》主编

张松 ｜ 同济大学建筑与城
市规划学院教授

陆琦 ｜ 华南理工大学
建筑学院教授

鲁安东 ｜ 南京大学建筑与城市
规划学院副院长、教授

黄印武 ｜ 上海交通大学
设计学院副教授

沈旸／上午，我们实地参观了古南街，刚刚陈薇老师、王建国老师也对丁蜀近20年实践作了简要回顾和介绍，"蜀山古南街历史文化街区"保护思路和成果初见成效。近日，中宣部发布了《中华优秀传统文化传承发展工程"十四五"重点项目规划》，其中明确了23个重点项目，有15个是原有的、8个是新设项目。新设项目中明确包括"历史文化名城名镇名村街区和历史建筑保护利用工程"，可见国家对此的重视程度。我们今天讨论当代中国小城镇建筑遗产保护与适应性再利用的议题，也可以说是适逢其时，我们希望从丁蜀实践中看到什么、有什么思考，还可以再进行哪些调整优化，也希望为未来的相关建设提供一个学术支撑和方向引领。

本次研讨有3个议题，但也不限于这3个议题。

第一，古南街作为全国历史文化名城宜兴的历史文化街区的保护利用案例，见证了国家对于名城名镇名村保护政策的转变。"古南街"，如果可以作为一个模式，它喻示了什么？古南街实践的意义在什么地方？哪些是需要我们继续发扬的，哪些是需要我们进行优化的？

第二，在如火如荼的城镇化转型的当下，面向存量的城市更新和遍地开花的乡村振兴，上接城市、下衔乡村，中间量大面广的小城镇问题其实对未来来讲是一个非常重要的操作方向，东南大学团队在丁蜀镇长时间和大量的实践，正是对小城镇保护更新问题的探索。如何突破既有规划模式？如何结合技术设计，呈现"渐进式"的发展？这也是我们站在小城镇的层面去讨论的一个重要方面。

另外还有一个很重要的议题，今天各位专家学者也看到，丁蜀镇古南街最大的特色是"人留住了"，你依然可以在街上闻到烧菜

的香味，依然可以看到炊烟升起，其实这也非常明确地应对了党的十九大报告中提出的"以人民为中心"。近20年来，这里始终没有清除原住居民。2003年，我们第一次来到这里的时候，街上基本就是一些老年人，但是有意思的是，原来搬离的很多居民正在回流。在街区的振兴中，政府、设计人员、老百姓、外来者，如何和谐共处，运用什么样的政策来综合管理？运用什么样的技术手段来综合提升？运用什么样的关怀来综合平衡？而最终一定不是一个房子的问题，而是一个涉及"以人为本"的问题。

崔愷／首先感谢大家来出席《建筑学报》的活动，同时特别感谢王建国院士和东南大学的各位老师给学报提供了一个这么精彩的案例。通过今天上午的参观，以及陈薇老师和王建国院士对这20年实践历程的回顾，我觉得这确实是一个带有很强示范性的案例，有很多可以引发思考和学习的地方。我先来说几点个人的思考。

　　今天，我们的城镇化进程进入了存量发展时期，而古南街案例竟然已经做了20年，这首先说明，无论是当地政府还是东南大学的团队都很有前瞻性。回想20年前那个时期的保护规划，很多都已经付诸实施了，其中包括大量的仿古一条街或是整片历史街区的重建。它们往往做得都很急，也犯了不少错误，从可持续性、文化性、历史真实性上讲都存在很多问题。但古南街20年前做的规划并没有着急实施，而是经过几年之后以点带动，开始针对重点名人故居和产业保护先行实施，再把点慢慢地连成线。实际上它一直在动态地发展，到现在还没有做完，这种感觉特别好，也特别真实。你可以预见它会越来越好，而且这种变化不是外来力量推动的，而是已经转化成内在的动力。这个案例与以往被大力推动的一些古城或历史街区保护案例的做法不太一样，它做得更稳、方向更对。

其次，以往我们的城市建设都很重视硬件品质的提升、风貌的保护，而古南街一个很重要的特点是，它具有鲜明的产业特色，也就是非物质文化遗产"紫砂"，有一种文化的传承。它的发展也正是依赖于这样一种文化。这里成为一个重要的艺术和文化的聚集点，饮茶、绘画这些生活场景也使这里的人们更喜欢优雅的情调，不像早期的周庄家家都卖蹄髈，就很难与文化情调联系起来。而这也让我们进一步思考在那些没有什么产业特色的地方，人们最基本的生存要求会直接地反映出来，怎样才能给他们一些引领？因此从这个角度来看，古南街既有普遍的示范性，又是比较特殊的，有它的优势所在。

此外，古南街项目从规划到建筑设计、到实践是一体化的过程，是一种非常有序的协作。规划很有条理，具有前瞻性；建筑师下手很准、很收敛，带有留白，这也是很好的点。我们看到很多精彩的建筑案例，建筑师做得确实非常好，但没有给别人留白；而古南街大部分的房子整理得非常简洁、轻巧，老百姓可以在这里唱戏、唱歌、喝茶，为后面的人提供各种使用的可能性。我觉得这是一种搭台的做法，很值得肯定，它的下手不重，也没有做得很极致，让别人没法模仿，而是一种真实、简洁、开放性的设计和建造。

我也经常在思考，乡村建设如果变成精英化的建造，虽然短时间内确实能出些有影响的作品，但它们或许并不真正适合乡村的真实生活，有一种脱离群众的感觉。今天我们看到的更漂亮一些的房子还不是建筑师设计的，而是在建筑师的带动下当地居民自己做的，这也是一个很有意思的现象，让我很有感触。

今天中午看的展览也带给了我另外一些思考。展览里有一部分是古南街的项目，同时也有周边的一些其他建筑。这些作品很多都出自中青年建筑师，他们有各自的学术背景和学术追求，而每个人的追求又都很有特点，比如我看到葛明老师项目院子里的石头摆得很有意思，也有一些参数化研究的项目，或是强调建构的现代建筑。我认为在乡村实践中做一些探索性的小项目、小装置是没问题的，它们会给乡村带来一些亮点和新意，但如何能让本地百姓对它们熟悉起来，具有亲切感？是否也能带有一些古南街历史街区的基因，对宜兴的传统文化和地域性有些传承？比如我在韩冬青老师做的学校项目里能感受到某种传承，学校的两个校门挨得很近，开在小街上，进去后一个个小街和院子串联起来，二层以下和二层以上运用不同的建筑语言体系，把三四层高度的房子故意分解得更小，以符合少年儿童的尺度。我感觉这在现代和传统两个层级上就建立起了一种联系和对比，尺度和空间构成也具有了地域性的特征。我一直觉得，全国建筑院校的老师，尤其是青年教师，在教学过程中应该积极地参加实践，他们不仅会做设计，而且会做学术性、研究性的设计，东南大学团队的丁蜀实践就是很好的示范。

说到对古南街改造的期待，我也想谈谈河对岸的建筑。我们站在桥上看到河对岸都是一些没什么特色的混凝土建筑，但这些建筑里也有很多工坊，也有艺术文化相关的内容，只是它们的载体很不理想。其实河对岸的改造是更难的一件事：古南街这一侧的本底很好，虽然残破，但老的肌理和关系都在；而河对岸是已经被人们改造过的结果，怎么才能继续改造它？我在展览中看到了几个河对岸建筑的改造设计方案，但还没有实施。我也很期待这些工作能继续做下去，因为这样的改造才具有更广泛的代表性。

还有，现在古南街入口的广场是一片水泥地，其实这里原来是一个工厂。当然可能规划设计团队进入的时候，工厂已经不在了，但它也代表了一段历史，有没有可能在这个广场上把工厂这段历史转化为一些文化要素表现出来，而不是用水泥简单地抹掉？我想我们的考证似乎不应该仅限于晚清或民国时期，对近代工业化的历史应该做一些呈现。

最后一点我想说的是，这样一个持续20年的实践，怎样才能把它真实地呈现出来？我想如果只是陈薇老师希望这个过程"慢"，可能还不行，政府若想要它快也就快了。如果陈薇老师当年做规划的时候就说这是一个20年以后实现的规划，政府估计也不一定会接受。伍镇长也说道，20年中老百姓对政府也是有批评的，说他们光说不练，总是讲这一片改造很重要却没有很快推进。因此，这种"慢"究竟是怎样一个曲折的实践过程，这种挖掘会对今后的实践应该会有更大的启发。

鲁安东／上午的参观是在逐渐融入这条街。中午出去看"丁蜀实践"展览，回来的时候突然有一种回归的感觉，我开始琢磨为什么古南街能很快地让人建立一种认同感。以下我讲三点感想。

第一点感想是关于知识的架构。我们经常会把物质和文化、硬件和软件，视作跟建筑相关的两个层面。这样的二分法带来很多衍生问题。通常是物质部分做好后，文化内容再进来，默认有个先后

顺序。但在丁蜀，我们看到一种不太一样的关系组合。

我近年一直在对苏北里下河地区的村镇做持续观察，逐渐形成一个看法，刚好和丁蜀构成很好的参照：我认为有多个维度共同形成一个动态关系，而非物质和文化的二元关系。

一个维度是居住。居住不仅是一个形态问题，而是一种在地的实践。从理水开始，通过对土的改造去适应水的循环。陈薇老师提到"山水是能量的来源"，这个地方有山有水，人在其间找到一种去适应和调动这个能量循环的方式。

另一个维度是产业。丁蜀的紫砂产业依赖于自然的循环，这个循环不应单一化地理解。例如在烧窑时，陶土是本地产的，但燃料从何而来，是否还涉及其他资源？这些资源在什么空间尺度上循环，是否构成网络？它们的调动和分配又如何产生文化？人作为循环的推动者，自然作为能量的提供者，在二者之间展开了一个从居住到产业、到文化的完整系统。我们的更新实践，应该对这种基于自然循环的人文系统有完整的认识。

第二点感想是关于行动的路径。丁蜀实践包括建设性和场所营造性两类工作，它们共同完成对这个地方的改善。在行动层面，我想讨论两个关键词。

首先是时间性。今天大家一直在强调"慢"的重要性。"慢"到底意味着什么？时间长，会带来一种延续性，不同的利益相关方和行动者会在时间中接力书写，因此，它也拥有一种被动的集体性。时间长，会产生内部对话的可能，先更新的和后更新的有时间展开对话。就像陈薇老师讲的丁蜀实践的3个阶段，不完全是一个渐进发展，其间会有反思和对话。因为在整个更新过程中有新的条件，甚至观念的变化，所以时间这个维度所展开的是一个内部的、过程性的叙事。

其次是精度。在地性是建筑师都了解的，但是在地性依然有不同的精度。之前我参与长泾的老街更新时，发现当地的蚕种场很有意思，于是花了不少时间去挖掘它有趣在哪里，研究它与当地社会的关系、它包含的本土环境调控技术等。这种工作需要一定时间的积累，否则也就无法对它做文化的再创新。蚕种场个案从更新的角度来说，是一个不同精度的事情：大面上的更新关注整个老街的特性、历史、肌理等，但是具体到蚕种场那个点，它的文化还可以再深化一个精度。这样的文化精度是很重要的。我们为什么觉得有些老街改造有问题呢？因为整条街是在同一个精度下操作的，我们丧失了在某一个点再深化的可能性。而丁蜀实践的很多局部小项目展示出文化精度，很有借鉴意义。

第三点感想关于数字技术。我在镇口看到一张图，标注了很多古窑的位置，但走在老街上却没有找到相关信息。老街的房子跟山

是对位的，窑也是对位的，我希望在街上特定的地点，能利用数字技术展示出街、窑和山的对位关系。这不只是一个技术层面的事，也涉及建筑工作范围的让渡问题。今天，数字技术的引入，使得很多历史信息可以找到新的展示方式和载体。建筑物不需要、也不应该讲那么多事情。之前因为没有选择，所以我们总希望建筑讲尽可能多的事情，今天的数字技术则可以帮助我们解决这种需求：一方面它使得很多不可见的变得可知；另一方面，一个建筑载体只能讲一个信息，但是运用数字技术使得一个载体可以讲多个层次的信息。我们的更新工作应该更积极地拥抱技术，梳理建筑里面有哪些信息可以通过数字技术去讲述，让建筑去讲更适合建筑讲的事情。数字技术跟建造的进一步融合，会是一个很重要的课题。

除了上述三点感想，我另外补充两个方法。一个是记录。像古南街这样的案例，在更新过程中的记录特别重要。古南街的保护性更新做了20年，当年的一些老人可能已经不在了。如果一开始预期这是一个"慢"的事情，就可以规划好记录性工作。这也有利于达成共识，包括动员社会的力量、跟新媒体的结合等，这些在当下的语境中很重要。今天，任何一个本地场所都不可避免地跟外界互动，不存在纯粹用本地的资源完成的本地建设，在更大尺度的资源调动过程中，文化传播的力量是特别大的。我们需要把这样的

力量整合到保护更新当中，记录是行动力的重要部分。另一个是叙事。叙事也是达成共识的重要方法。我们有时候默认本地人了解自己是谁，其实他不一定看得见自己好在哪里。因此叙事的工作，包括现在常用的策展，实际上是提供一些场合，让人看见自己的可能性，进而塑造共识。由此，叙事同样应该被理解成一种行动。建筑设计的本质是行动，而不只是造房子，我们以建造的方式完成对社会的干预行动。记录和叙事，都应该是当下建筑学扩展的行动工具包的一部分。

张松／我是第一次来宜兴丁蜀镇，上午的实地参观感觉收获很多，刚才又听了陈老师、王院士的报告，陈老师讲到"生活是条河"，王院士讲的"一花一世界"，实际上已经包含了我们现在要讨论的话题，以及"丁蜀实践"的核心理念和带给我们的启示。我主要做历史城镇、历史街区保护方面的研究和设计工作，下面就三个议题谈一点粗浅的看法。

　　第一，丁蜀实践带给我们哪些启示？丁蜀实践是在深入研究地方历史、考证文献资料、考古历史环境等一系列工作积累的基础上开展的，在规划设计中对古镇的街区特色把握得非常好。蜀山、蠡河建构起古镇的街区肌理和格局，城镇的发展与紫砂业密不可分，古南街像生活区，蜀山窑址是生产区，生产生活紧密相连，形成了一个整体性的文化景观遗产，或者说是独具特色的人居环境，它在发展的过程中又有一些波折和变化。那么，在做保护规划和更新设计时，该如何体现古镇街区的特色呢？习总书记在清华大学110周年校庆到来前视察时指出，"把更多美术元素、艺术元素应用到城乡规划建设中，增强城乡审美韵味、文化品位"，这是一条很重要的指示。我想丁蜀古南街保护更新就是一个很好的实践范例，因为它本身的山水、风景，其实就是中国传统文化的反映，传统文化在今天又形成了历史遗产，一个活态的建成环境遗产。丁蜀实践的启示就是，在做好一个设计方案之前需要全面认识城镇的人居环境，而每一处历史环境就构成了地方的文化遗产，同时也代表着我们的中华文化。这是一件意义重大的事情。王院士负责的重大科技课题非常好地结合了设计实践。工科类专业还是要推进真正的工程实践，特别是具有创新性和示范性的实践项目。我觉得"丁蜀实践"这个词用得非常精准，有直接的现实意义。丁蜀实践案例，应该值得更多设计师和设计专业的学生来这里参观、考察和学习。

第二，小城镇如何规划设计？"小城镇建筑遗产"，或者说"建成环境遗产"，简单而言，它是一个整体，就像习近平总书记讲的"人与自然是生命共同体"。从这个意义上讲，小城镇怎么发展？现在如此大量的建设中，我们的思路理念（如选址、设计等），确实与古代城市规划相比有一定差距。昨天到丁蜀镇看到镇区南侧没有一幢高层建筑，非常难得。现在，在小城镇已经很难看到这样没有高层并且与自然山体、水系比较和谐的景观了。我不是简单地反对建高层，而是希望高层建筑与城镇环境要有一定的关系。东南大学团队在实践中不只做了古镇保护修缮设计，在新区也做了不少有意思的规划设计项目，建筑和环境设计具有丁蜀地方的文化底蕴，能够反映江南文化的空间特色，为丁蜀镇人居环境的改善提升作出了贡献。宜兴是江南文化的源头地。江南文化是一个地域性文化，是与河网水系等自然环境关系密切、在生产和手工艺等方面具有创造性的生活文化。"小城镇、大问题"，过去也讲过了，但是很多人不以为然。现在大城市的规模已经发展得很大了，回头再来看小城镇，如果它们没有生命力的话，乡村怎么能够振兴？整个社会怎么能够繁荣兴旺？我觉得小城镇发展问题还需要进一步深入思考。

第三点，可能是一个更大的话题，丁蜀实践对人民城市建设意味着什么？我们看到的实践成果，相信得力于镇领导"自下而上"做的许多工作。有些地方的城镇规划中一些想法的实施落地就没有这么好，也缺少包容性，这里则是一种能让地方的能量发挥出来的方式。在丁蜀镇，因为有一些非物质文化遗产传承人和工艺美术大师，他们做的东西就具有艺术性。从这个角度讲，丁蜀镇有一定的特殊性。在其他地方我们可能还要通过美学普及教育，以及更多专业知识的分享来唤起人们的环境美意识。从这层意义上来讲，丁蜀实践为未来的小城镇规划建设提供了更多可借鉴、可操作的经验。一般性的原则、理论大家可能说得很多，但是在现实中，到底怎么来体现、来实践，把它落实下来，还是比较困难的。因此，现在看来，丁蜀古南街也还有很多工作要做，比如在市区、镇区更大的范围做设计。我相信东南团队可以通过城市设计适当拓展影响区域，简单地说就是不能只把眼光放在街区，而是放在整个丁蜀镇，甚至是宜兴市，那么古镇的发展就更有空间、更有未来。或者说，我们能不能有更高的目标为成为城镇未来的文化遗产做新的设计。未来遗产的核心价值怎样来体现？能不能反映出新的文化的追求？这些内容可以在今后进一步拓展并持续进行实践探索。

另外，对于丁蜀镇来讲，发展旅游的路径也需要探索。如果网红一打卡，就会红火起来，但是，问题来了，丁蜀镇需要那么多游客吗？如果有市场需求，在古镇外围做一些比较热闹的街是不是更好一些？古南街这边的街巷宽度不足2米，尺度很小，是非常安静的场所，是精致、典雅的空间，是可以让心灵慢下来的地方。我们到底是想让它热闹一些，还是安静一点？这里的"慢"到底如何来定义？本地居民生活与观光游览如何协调、平衡？类似问题还需要认真思考。

陆琦 / 宜兴丁蜀古镇因紫砂壶闻名，古镇肌理有自己的特点。江南古镇多以商贸为主，商业文化体现在商贸集散。而丁蜀是带有工坊式贸易的一个古镇，其肌理与一般的江南古镇不同，从街道尺度来讲，会比一般的商业古镇窄小。古镇主街古南街不是贸易商街，也不是大户人家居处，多是手工业者工坊住家合一的民居，因此过去不会在里面行走马车，匠作艺人完成紫砂成品后靠人工通过横巷送至码头，再通过蠡河运走。它是以输送型为主，而不是集散交换为主的古镇。陈薇老师的团队长时间在做丁蜀古镇研究，将这些形态特点梳理出来，并体现在古镇保护规划中，从规划层面上确定下来。这种深入持续的前期研究为后期规划和设计提供了一个强有力的依据。

　　古镇保护规划采用宏观思维和微观呈现的模式，宏观来讲要控制住大的格局，然后通过微观的一些"点"把它呈现出来，这个方法对于古镇的微改造是非常有帮助的。过去我们在做规划设计时，恨不得把全部都一起改造，虽然改造后会出现一种新的面貌，但古镇风味已经没有了。许多城市历史街区的改造，全面整治翻新，初衷是希望通过改变传统的东西带来新的时机，但看上去却使真古董变成假古董了，以致出现很尴尬的局面。我对王院士介绍古镇更新是"以点带面、有序渐进"的模式理念深有感触，现在丁蜀镇古南街的尺度、形态、风貌还是以前的，如果全部进行改造，可能与风貌会有冲突，产生较大的差异。通过点来切入，全貌并没有一个质变，但是又会有一种新的东西呈现出来，挺有特色。

　　我们讲保护，并非不能改动，都不能动的话就成了僵化的东西，要发展肯定就要有所更新。历史在发展的过程中既要将原有的文化得以传承，又需要在历史进程中满足当代需求。丁蜀实践在这方面做了非常好的努力和尝试。例如公共空间的呈现，丁蜀古镇在过去都是独家独院在自己的一个小空间里面生活，现在除了在里面生活的人以外，随着紫砂壶文化的展示，很多外来的人也会进入其中，因此原有的封闭式空间显然不能满足今天的生活需求。公共空间的改造，哪怕放到里巷深处，也不像过去老宅、老院子一样采用封闭式处理，就是要把过去封闭的空间适当放开。古南街无论从规划层面，还是建筑设计层面，都从整体考虑与东面蜀山的关系、与西面蠡河的关系，通过多个东西向开敞的空间使之联系起来，使原来的封闭小空间设计得更为开敞流畅，以满足今天的生活需求。

从公共空间创造来讲，过去老是关注建筑怎么做，现在还关注到建筑景观议题，与环境结合的方面。没有景观设计的介入，只是建筑自己是不够的。公共空间可以通过景观的意识、景观的手段呈现出来，与建筑一起形成相辅相成的外部环境空间。我们看到巷道深处山脚下高低错落的小台地、起伏的民居檐廊外的小水池，还有一些原来是垃圾乱丢的地方，经过清理后形成了通道。空间打开了，流线通畅了，环境美化了，品质提升了，原有的封闭杂乱空间经过调整既满足功能需求，观感也非常舒服，加强了空间审美价值，在这些方面做了非常好的尝试。

谈到历史街区在改造的时候是不是应该有合理比例的保留，丁蜀古镇的风貌能够保留下来，很重要的一点是并没有全面地把老房子立面进行改造，只是点的改造和活化利用，从单栋建筑格局的改造来讲，并没有完全按照原有民居的形式恢复，建筑的外表风貌保留下来，里面的空间使用适应今天发展的实际需求。如果改造的成分或比例过多，可能就换了一副面孔，使人感到原有的东西不存在了，或者是老的东西已经变味了。是否有一定比例的控制？这个比例到底是多少合适？或者说这种比例是自主改造，不是由政府或设计团队包办。大多古镇统一改造以后，空间方面是丰富了，但是原有的韵味又会有一定的丧失。现在丁蜀古镇通过一些点的改造提升，带动古镇居民的自主改造，这也是我们以后在其他类似改造的时候可以借鉴的一种方式。

另外，如果古镇街区改造的范围扩大，人们在古镇里面停留的时间会更多，也会带动周边地带的发展。丁蜀有它自己的独特性，希望紫砂陶瓷业态能够保持下来，一直良性地发展下去，保持原有风貌和生态格局可能会更好。无论是对历史价值的保护，还是从历史文化的沉淀、传统文化传承来讲，都应该留给后人更多的空间，不要把这个空间全部占满填平。

大家都提到丁蜀实践的"慢"，慢工出细活，有更多的时间去思考、总结、讨论该保护什么、传承什么、创新什么。大多情况下做到"慢"挺难，这类改造提升项目，政府希望快，要马上呈现成果出来。江苏的乡镇风貌整体上如同崔院士所讲的，原来的本底还是不错的。丁蜀实践通过这种"慢"的体会、"慢"的实践，渐进有序地保护好在地的文化特色，并最大程度地将这些原有的本底闪光点挖掘呈现出来。

黄印武 / 首先，对于丁蜀古南街这么一个规模的项目而言，20年是一个漫长的过程，速度很"慢"，但是从这两天的参访中，我体会到了"慢"的意义。

一方面是在"慢"的过程中形成了共识，这就是伍镇长说的改造过程中居民态度的发展和转变。我相信在陈薇老师最开始做保护规划的时候，不同的主体对古南街的价值判断不完全一样，政府可能关注发展的空间，居民可能认为居住环境很差，专家可能坚持历史和文化的意义，因此这里有很多价值观上的冲突。正是因为"慢"，有了时间的缓冲，让大家形成了一个观念上的共识，这个共识其实是对丁蜀镇、对古南街这个场所的价值认同。这个"慢"其实是一个必然的过程，而并不是说有意把这个项目时间拉长。其结果是不仅仅保护了具体的物质对象，还形成了对于古南街价值的保护共识，为持续性保护打下了基础。

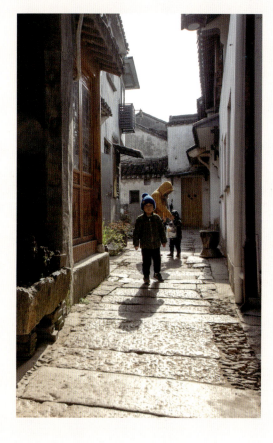

"慢"的另一个意义是，漫长的过程为保护观念的发展和完善创造了可能。刚才陈薇老师介绍了丁蜀古镇保护的 3 个阶段，保护层次逐步扩大，从最开始的古南街历史街区到丁蜀镇再到一个社会体系，从一个很具体的区域扩大到一个城市角色的定位，再融入整个经济社会文化的范畴。丁蜀实践通过"慢"的现实，实现了学术和实践的平衡。

第二个关键词是适应性。适应性也可以理解为因地制宜，我个人倾向使用"系统重构"这个概念。为什么说是系统重构呢？其实是和我们如何来看待保护和发展的关系有关。在中文语境里，保护是一种保守的状态，而发展是一种积极的状态，这两者完全是矛盾的方向。但事实上遗产保护的概念同时包含了保护和发展的内容，是一体的，这是由遗产价值所决定的。因为遗产的价值不是保护下来的，而是通过传承体现出来的，是鲜活的，而不是僵化的。价值形成于历史，而属于整个过程。因此，价值传承是整个保护过程中最核心的内容，保护的目的其实是如何把历史形成的遗产价值带给未来的一个过程。

对于历史街区而言，单体的建筑只是历史街区的一个组成部分，组合形成了一种肌理和脉络。对于遗产价值的保护而言，历史街区提供了一个空间背景，只有与人的活动相结合，呈现出一种鲜活的生活状态，把物质的部分和非物质的部分统一在一起的时候，才能真正实现历史街区的保护。因此，适应性的第一个层次是重构历史空间与当代生活的系统，让历史街区成为我们现代生活的一部分。适应性还有一个层次，就是从小城镇的角度来看，古南街历史街区又是一个什么样的角色？小城镇非常具有中国特色，介于城市与乡村之间，如何在整个的城市体系里面，来定位古南街历史街区，是营造历史街区活力的基础。历史街区除了自身的系统重构，还需要通过城市的系统重构，将历史街区融入到现代城市发展之中。历史街区来自历史，但是属于我们当下。

第三个关键词是变化，这是针对未来发展的。变化是必然的，不论是发展还是适应性再利用，整个过程都是在一直变化的，如何管理变化就成为了实践层面非常重要的内容，这就要求把规划转化成一个具有操作性的手段。

我个人认为包括两个方面。一方面是基于价值保护的遗产如何实现变化管理，遗产价值如何整合到我们当下的系统，提供给未来一种可能性。当我们讨论历史意义的时候，其实是在讨论我们当下的自己，历史对我们自己的价值才是我们所要表达的历史。历史是因为我们当下的人而呈现，再把这个价值传递给下一代的人或者是传递给未来。为了保证价值的有效传递，就需要我们对这个变化有所管理。

另一方面是从操作的方法上，有一部分内容是由专业人员完成，有一部分内容保持开放性，交给社会去完成。只需要定规则、搭平台，把更多的社会力量吸引进来，让它自然生长，自然而然发生，让未来有更多的可能性，通过不同利益攸关体的参与保持遗产价值的多元性。

此外还有一点是关于建筑师参与历史街区具体实践。历史街区中的民居都是由民间的工匠建造的，而现代的工种细分和管理要求，决定了建筑师来主导这类实践，这种技术主体的变化，对于历史街区的保护和建筑师群体都构成了挑战。传统工匠由于是师傅带徒弟，通过不断的实践、试错和总结，基于一个经验体系来传承。这样的经验体系其实与大学的教育完全不同，科班出身的建筑师也难以完全了解民间建造体系。因此，建筑师参与历史街区具体实践，首先需要了解和理解现有的技术，向民居学习，其次是发挥建筑师的优势，以科学的系统、技术的逻辑来看待民居，可以举一反三，推动技术的发展，既满足现代生活又具有地方特色。具体到丁蜀实践，我认为还有一个优势，就是建筑师陪伴了实践的整个过程，根据实践中的问题，再重新设计，不断地调整，这是非常不容易的。

总的来讲，从历史保护的层面来看，首先要把遗产价值说清楚，让具有不同价值判断的人能够形成共识；其次是从当代的利用层面来看，通过对系统的重构，把历史的遗产纳入现在的生活，把遗产价值通过现在的生活表达出来，这样才能得到更好的保护；最后是从未来的发展层面，其实是一种针对变化的管理，保证遗产价值在可控的范围内，但是同时具有相当开放性。

王建国／今天大家来到古南街现场参观，并参与"丁蜀实践"研讨会，我代表东南大学设计团队的所有老师对参与和支持活动的各位专家和来宾表示衷心的感谢。

大家的发言都非常有针对性，除了充分肯定了丁蜀实践的意义和示范价值，其实也提出了不少可以优化和完善的意见。例如，能否再扩大工作范围到蠡河对岸，靠山遗存窑址和古南街在历史上的关联性可以继续研究并明确等。

对于"慢"，我经常讲一个观点，所谓的一个形态不管是曾经的，还是接续性的，都是"一果多因"的结果。这个"慢"是由阴差阳错一系列的偶然机遇或挫折形成的，因此，我用了一个词"逶迤前行"。当年做保护规划其实是很难想到10多年后的实践会是这样的。这里面有很多因素。

第一，当时在江南有很多名镇，与乌镇、周庄、同里、西塘等相比，丁蜀还不是那么有名，那时的丁蜀也不是一个非常重要的旅游目的地，再加上古南街产权关系复杂，70%都是私产，以当时的财力、物力，镇里没有力量进行整体改造甚至搬迁。如果当时有社会资本介入实施可能就不是今天的样子了。正因为如此，反而为我们团队的保护及利用的设计研究工作留出了时间窗口，慢慢地介入，我们带着学生不断地过来、不断地做研究，这是理解古南街保护改造的一个很重要的因素。几任政府一直觉得想做，可是一下子又做不了、做不完，这件事情的彰显度又不如做城市标志性建筑和新区那么立竿见影，于是这个事情就搁置下来。

第二，"十二五"期间，我们承接了"古建聚落性能提升"的科技部支撑计划项目，这时我就想把古南街作为我们课题的一个试点案例，并跟宜兴规划局和镇里领导沟通，他们很高兴参加科技部的课题，这能增加他们做保护工作的信心。于是我们就获得了一个正向干预古南街保护和适应性再利用的契机。因为课题有科技进步和保护改造试点的示范要求，古南街反而不能大动了。这样，我们通过科技进步，做了一系列与保护改造有关的新规划模式、新技术实验和工法研制的工作，包括性能化保护规划、民居"联体一共生"结构保护改造对策、热舒适环境改善和机电一体化设计等。随着我国对历史文化传承保护意义的日益重视，加之在过程中逐步得到了来自政府、业主和居民的支持，项目就有了整体提升古南街人居环境品质、实现有机更新的机遇和可能。

最后，我们东南大学团队师生以及合作单位都非常有耐心，在做科技研发工作，这完全无法按照正常的投入收益比来衡量。但是，我们师生还是有情怀的，在一系列机缘巧合中完成了古南街这个项目，我总结就是"用渐进来应对不确定性"，这里有几个因素。第一就是刚才讲的要有时间，时间窗口是需要的；第二，要有一定的冗余度，你做这件事情不能太满，会有一些试错，刚才崔院士总结得很好，它是一个留白的设计，其实你是在不间断的连续过程中去寻求它的逐步完善，第三，需要保持多样性。一家一户盖房子，一个一个个体长出来，保持一定的多样性和个体本身的差异，同中有异、大同小异的差异性是非常重要的。

我也赞成刚刚张松老师讲的观点，就是丁蜀镇古南街的环境容量是有限的，如果每天一下子涌入两三万人，很可能变成一个人满为患的打卡地，原住民的生活和紫砂文化传承就会受到诱惑和影响。因此，我们仍然需要有一些保留性的控制。同时，我们又希望它能够有更大的彰显度，由此数字化显然是一个很重要的方式，我们做北京和南京的老城总体城市设计时就较多采用了数字技术方法。刚才鲁安东老师讲的我也非常认同，例如 VR、AR 穿戴设备都可以介入，包括烧窑的窑址、建筑以及跟河的关系，还是有很多新的手段可以表达出建筑载体不能够表达的多样性信息。有很多信息可以不亲临现场而通过其他方式获得，现在一个没有观众的体育比赛场景都正在成为可能，那么我觉得历史文化街区的保护和改造成果的展示也应该有更多的可能。

古南街实践仍然有不足的地方，还在持续探索过程中。国内同行做的很多案例也非常好，我们只是在一个没有很高热度的情况下介入了古南街项目，做了那么长时间，如果要总结一点经验的话，就是我们把专业的力量、学术的力量、社会政府的力量和民间的力量在这个时间过程中达成了一个历史文化街区保护再生的共识，也就是我今天讲的"一果多因"，以此表达我对20年的"丁蜀实践"和研讨会的各位专家观点的一点简单回应，谢谢大家！

水岸云梯，
山河之间转了折

沈旸 ——————————————————— 东南大学建筑学院副教授

2003年的夏天，那时候的我面临硕士毕业，正在迷惘期，何去何从举棋不定。恰逢我的研究生导师负责宜兴丁蜀镇蜀山边上的古南街历史文化街区保护规划，想到去现场也是一种缓解方式，我与孟平一起带了本科生前去街区测绘。

去时是八月，天很热，我最大的快乐就是坐在桥头的小店，买点水喝，歇歇。那个小店有个黑纱帐的棚子，偶尔河面上起风，黑纱帐就一飘一飘的。

古南街上没有住处，只能住在镇里，每天往返很远去测绘。

街上住的都是留守老人、外来打工者，街上烧的炉子，很呛人，虽然这儿曾是紫砂艺术的发源地，但彼时的古南街十分破败。

古南街旁边是蠡河，河上的蜀山大桥是1980年代的老物件了，危桥，坚强地活到了今天。河对岸就是水龙宫，是民国时的救火站。

水龙宫旁边有个公共厕所，很破很臭。特别有意思的是，厕所前的一个破房子也伸出一个棚子，蓝色彩钢板的，架在路上。

古南街是我平生做的第一个街区保护规划，而当时还没有具体的历史文化街区保护规划的规定和要求，就是跟着老师琢磨应该怎么做。当时我就想，如果改造水龙宫，这个自发的棚子应该有，标识桥头，也是一个空间转折的地方。

后来汇报效果不错，但是因为各种说不清道不明的原因，这件事就搁下了。

2010年，宜兴申报历史文化名城成功。

古南街的保护规划又提上了日程，还是找的我老师，我又跟着来了。设计的过程很辛苦，磕磕碰碰中，我对古南街的历史有了更充分的了解，西街是生活娱乐的场所，南街主要是住宿和烧窑。

保护规划方案做完了，也通过了，但针对桥头的水龙宫，当时的方案只是做了一块空地。

也就是说，七年过去了，仍旧没有真正考虑过水龙宫周边的设计。

……

2012年，古南街成为"十二五"国家科技支撑计划的示范基地之一。

　　我成为整个支撑计划的课题秘书，负责资料整理和协调工作，对于古南街的渐进式变化，热切地期盼着。

　　时间过得很快，转眼到了2016年，支撑计划完成了，但水龙宫旁的设施改造一直没有启动。

　　此时，镇里找到我做街上一处倒塌的老房子的重建工作，经费、时间都很紧张，但我实在是已经与这条街难舍难分了，毫不犹豫就接了。

　　这块地又是临街、又是临河，将来要作为紫砂同业公所的展示场所。但是我不愿意做纯粹民居式样的，和翁金鑫商量，还是希望搞出点新鲜的东西。做了几轮方案，镇里觉得不太能接受，最终还是叫张丁改成了坡顶。

　　设计在内部和屋顶的处理上花了很多心思：入口有个小小的轩，供路人短暂停留；屋顶是长短坡，有高差，利于通风采光，屋顶嵌入灌水的玻璃瓶进行采光；柱子与墙脱开，以玻璃区隔，有特别的光线……由于房产拥有者要求新建筑必须要满足原有面积，遂把院子面积一压再压，还特地偷出了个阁楼。

　　施工图都画完了，房子还是没有实现。

　　因为旁边的住户不允许，说我们设计的房子高了，不行。这也反映了在民众意识强烈的当下，盖房子也有了另外一种不容易。后来，镇里就叫施工队按照他们最熟悉的方式盖了一个。可能这是最好的方式吧。

　　……

　　郁闷了一阵，水龙宫旁公厕改造的机会来了。

　　有次在镇里开会，伍镇长和我提了一下，在会上我就随手画起了草图，那儿对我来说太熟悉了，不用去现场看，历历在目。

　　我潜意识里就是要补全，而且要和蜀山大桥产生互动，把水龙宫旁，上蜀山的出入通道标示出来。形象类似龙吐水，半坡上的那棵泡桐树是最好的龙尾巴；要有廊子上山，最好可以做出龙窑的意象。更重要的是，我想明示那个水边简陋亭子的重要性，作为民众的，作为桥头的，作为休息的，作为交流的。

　　我期望着这几个小房子乍看起来是当地的东西，但是设计的一些手法又是当地原来没有的，在保留原来意境的基础上有一些摸索，最终目的是对场地的意义有所应对和拔高。

　　总之，这个场所要为将来蜀山的环境整治开一个好头。

　　草图得到了认可，接下来就是建模和画图，设计过程很顺利。

　　施工开始，噩梦来临。

　　施工先要盖厕所和小卖部，以满足老百姓的生活所需。然而，光厕所里的面砖就改了好几回，更郁闷的是，设计中厕所的山墙是镂空的，露出抬梁，利于通风，但是施工队没做，镇里也觉得已经做完了，拆了再做太麻烦。

小卖部旁的空廊子的柱子原来是要立在坎上的，手法与一位本土环境因素和现代主义理论形式结合大师的某个经典作品类似，后来施工队嫌麻烦直接落地了，镇里也未追究责任。

经历两次不大不小的施工"事故"之后，拆除了老的公共厕所。这时镇里突然觉得场地敞开挺好，原来的方案堵了。

纠结了一阵，我还是坚持盖房子。

我从街上、河对岸拍了很多照片来比对，并说服镇里街上要有一个景观节点，从河对岸望向这一侧也需要连续的界面。也就是说，这个地方需要有个房子，街上过来，桥上看着，河对岸映衬着，几个视角能接上。这样一来，桥和路都得到了延伸，而且和山有了关系。

整个施工中最大的问题来自于，廊子与水龙宫的关系。原来的方案设想将廊子搭在水龙宫的山墙上。尽管明确要求实际施工时要比对标高，谁曾想施工队进场后并未测算，而是直接施工。最终，廊子做高了，这也成了我最突出的罪状。

抓狂归抓狂。怎么办？

最后决定不改了，高就高罢。从山上下来，高起的单坡是一个标志。从水龙宫出来，这个很高的廊子顶形成了很独特的光线，某种程度上加强了水龙宫小出口的仪式感。镇里现场的管理人员甚至认为有种神秘的感觉。

除此之外，还有其他各种问题：施工队不按图施工台阶，没有

任何转折，直上直下；要求保留的泡桐树下的原有踏步，施工队也不问不顾全干掉了。诸如此类发现后，也只能现场改，打掉重做，具体做法都是捡个石子就地画的。

更有意思的是，我在现场发现施工队拿的施工图不是最终版的，是一开始标高不对的图纸。项目难就难在标高很复杂，但施工队又不现场调整或及时询问，还自以为是地用苏州的一套建造办法来应对。

活不大，我却出入现场数十次，修修补补，改改停停，总算有了个模样。

这个项目对我的教育很大，施工队的不专业或者说不敬业，怎么调和？在已经施工了的情况下怎么调整？又如何把损失降到最小？

这个过程的苦楚可能不是最需要表达的，我觉得更加重要的是在这种街区的小规模改造的设计和施工中，在面对镇里、当地人以及施工队时的多方博弈和平衡是如何做到的。

而这个项目的所谓乡镇意义，廊子的形式和现代设计的一些比较等，只能待我缓一缓再总结了。

因于我的博士论文《东方儒光——中国古代城市孔庙研究》的出版，和帮我做书的（王）少陵兄成了至交。一日说起在古南街做的事情，老王对我提到的蜀山饶有兴味："蜀山？武侠的那个？"其实，我十几年前来的时候，也问过和他一样的问题。望着烟斗氤氲中的老王，我给他讲了一个故事。

古南街的蜀山原名"独山"，山不高，因"水环之如培塿"，一山独居中央，所谓"屹然特立，旁无附丽"。嘉庆增修《宜兴县旧志》载："蜀山在县东南三十八里，一峰屹立，水环其麓，亦名独山，罨画溪自南而北注张泽桥入东溪，群山皆在河西，惟蜀山在河东，山麓有东坡书院。"

东坡先生真曾在阳羡流连忘返，有诗词为证：

十年归梦寄西风，此去真为田舍翁。剩觅蜀冈新井水，要携乡味过江东。——《归宜兴，留题竹西寺三首》

买田阳羡吾将老，从来只为溪水好。来往一虚舟，聊随物外游。有书仍懒著，水调歌归去。筋力不辞诗，要须风雨时。——《菩萨蛮》

宋元丰八年（1085年），变革失败，神宗带着壮志未酬的遗憾病逝，心灰意冷的东坡先生也终得乞老归田。他在宜兴有亲友，溪山又秀丽，早年就托人买地，早就做好了卜居宜兴的准备。

据说，一日东坡先生与亲友游玩独山，临山俯瞰，只见远峰重叠，清溪萦绕。先生不禁怀念起家乡四川的眉山，山势雄浑、壁立千仞、蜀道艰险……脱口而出："此山似蜀！"后人因之遂"去犬留蜀"，独山改称叫了蜀山。

"挺有意思的"，老王颔首。眼神深邃，颇有深意，彼时我却不明。

　　翌日，我发现老王凌晨5点多给我发了个邮件，点开是个灰底LOGO：星空连线成繁体的"獨"，乍看是蜀山的"蜀"，细看则是独山的"獨"，寓意东坡先生典故，下面用毛笔绘制蜀山的山形，并用陶片做了标准字的衬底。

　　星空下的千年蜀山，因为东坡先生和陶业，使得古南街与江南诸多的老街古镇相比才有了独到之处。我这十余年对蜀山古南街的感悟，都在老王的这一夜无眠里了。

　　补记之二

　　2018年初，南方一场大雪，全民拍景。镇里也动用了小飞机，航拍蜀山。水龙宫的关系处理，在银装素裹下得以展现。

　　远在北京的我，特意请住在西街上的方兵去拍了几张照片，并转发给了张旭。他还给它取了个名字，"你的'水岸云梯'，我下次

一定要去看。好久没有遇到扎心的房子了，关系处理得恰到好处。顺着古街的石板路走到河岸，总要坐下来缓缓，寻思着歇歇脚吧，偏偏抬头看到一条通向蜀山的阶廊。一边是桥，一侧是山，为何好景一旦成双总是不可兼得，你这让人伤心的设计。"

感动之余，我也写了几句："蠡水左岸施茶庐，庐空雪照蜀山路。路转山回不见君，君行白下无留处。"

丁蜀实践——
从小城镇的烟火气中娓娓道来
——唐芃访谈

受访人 ｜ 唐芃 ^{东南大学建筑学院教授} ——————— 采访人 ｜ 群岛 ARCHIPELAGO

群岛 / 您当初是因为什么样的机缘介入到丁蜀的这些设计实践里的？

唐芃 / 我研究生阶段学习的方向是跟历史建筑相关的，在博士阶段也继续这个方向。

日本留学回国以后，正好是2012年，王建国院士负责的一项"十二五科技支撑计划"，正好选择丁蜀古南街作为示范工程的案例。我也在那个团队里，因此就自然地介入到丁蜀的实践里了。我们的业主一开始应该是宜兴市规划局，现在的丁蜀镇伍镇长当时在规划局工作。他那个时候因为实践项目的关系和我们之间的交往比较深，在古南街项目之前就互相结识了。后来，他去履职周铁镇的镇长，然后又到了丁蜀工作。

我们跟他比较谈得来，虽然我们是设计师，他是业主，但是随着他的工作的变化，一直在不停地合作一些事情，有保护规划，有历史街区，还有历史名城名镇申请的一些项目。

群岛 / 那正式介入丁蜀大概是从什么时候?

唐芃 / 是从2012年王建国院士启动的那个科技支撑计划项目开始的。我们开始以丁蜀为研究对象，准备做示范工程，因此调研什么的从那时候就展开了。

群岛 / 在丁蜀做的这些项目和您以往做的一些研究会有什么不一样的地方吗?

唐芃 / 如果从实践项目来看，最明显的区别就是它的这种建筑的周边环境可能更苛刻一些。以古南街为例，你拿到的那个基地可能就是一个宅基地，它的三边都是别人家的房子，或者是别人家一道墙、一个门，这种情况是非常苛刻的。在古南街的话，它的周边环境没有办法去读取，你只能在这个场地内部去做。但是另一方面，这也给我们提供了一些有趣的东西。我们去场地看，研究这个老房子怎么改，或者它哪部分要拆，或者是它全部拆了以后，我们如何再去恢复。这个时候你会发现在那个房子里的每一个小物件，每一处的改动，比如加建出来的小厨房，都有很多故事。这些故事其实是给我们创作的额外启发。虽然场地条件有限，但你可以在创作过程中带入进这样一些对故事的理解。我记得我在做"T字房"的时候，那个房子从外面完全看不出来，从古南街拐进去以后，你会觉得院子大了一点，然后你才能进入到那个房子里面去。它就用自己有限的一点空间，不停地往后山上面去发展。因此你可能就能明显地解读出来：户主可能原来在这有个老宅；后来可能有了两个以上的儿子；儿子结婚了，就有了一个像婚房一样的地方，因为明显能看到残留一些粉色的帐幔，还有褪色的喜字；再后来，又为了这个儿子搭建了单独的厕所等。但是因为没有足够的场地，所以他们一直是在往纵深方向不停地加建。这个房子就特别像重庆的山里面那种房子，家里面有很多很多的拐弯，很多很多的上上下下。

所谓的"T字房"，是我起的名字，"T"中间那一竖的端点，就是他们家和街道唯一的接口，但是走进去以后它又展开，又往上走，因此，我叫他"T字房"。这个房子就特别有故事，虽然我们把它改造成了公共空间，但在修缮的时候有意保留了它原本在空间上的区隔、转折，同时可以引导人走到后面的山上去游览。

群岛 / 您觉得丁蜀的历史文化街区以及这些实践的价值主要体现在哪些方面？

唐芃 / 我因为做这一类项目，去过很多历史街区去参观游览，总体上有一些感觉，就是它和我去到的国外一些历史街区是不太一样的。

往往我们建筑师做一个项目，可能有一种非常重的社会责任感，或者是一种比较自我的想象。建筑师可能有一种倾向，就是按照自我想象中的那个历史街区的印象，去改造这个街区。我在日本读博士期间是在京都学习，也参与过这类的项目，京都的历史街区，像大家知道比较多的如清水寺产宁坂等地段，都是我们工作的对象，那我们就需要把自己的主观剥离出来。建筑师总是讲自己的比较多，然后认为自己想象中的东西是应该要实现的，但其实对于居民也好，或者对于政府管理方来讲，你做的有些事情并不是他们想要的，或者你想要展现出来的东西，并没有真正地、完全地去顾及他们的所想，或者并非他们所理解的历史文化价值。

在古南街工作的过程中间，我觉得这一种比较有代表性的街巷的形式，它的物质形态是要去保存下来的。同时它的物质形态形成的过程中，也积淀下来了它的生产生活，尤其是像古南街这种可以说是全世界唯一的、以做紫砂壶为主的，这样一种生产生活方式是更需要保留的，而不仅仅是我们建筑师眼中看到的那种物质形态的东西。

管理部门首先想做的事情，是需要稳定、和谐，需要去带动居民共同创造这样一个街区。同时管理部门希望能完成一个上传下达的作用，能够对上——上一级部门、对下——居民，都有一个好的交代。

我们在2012、2013年来到古南街时，这里真是非常破败，和那些未经改造的历史街区是一样的。老人非常多，生活条件非常差，因此管理部门首先想的肯定是安居乐业，提高生活水平。

我们当时调研时，看到有一位大爷，总是在街上当众洗澡，就是因为他洗澡的那个石板路，水是可以直接冲走的。我们建筑师看到后会觉得怎么可以这样，但是当我们一户一户地进到每家去调研的时候，就发现是因为所有的老建筑在最初就是没有独立的卫浴空间的。厕所是公共的；洗澡也是去公共澡堂，或者自己在家里的

一个房间，烧一桶水然后洗。这是因为整个街区就没有给排水的设施，不具备雨污分流的管线，你当然就没有办法去要求一个文化不是很高、年纪大的人，说你应该躲在自己房间里去洗澡。当居民们的生活品质提高，生活水准提高以后，他才能够关注文化的需求、或者说文化品质。因此，我们在这里就是不断地进行调研，不断地进行研究。如果你自己只做了一个表面的东西，但是居民只是想要一个卫生间，你说怎么办？

后面我们做的工作其实非常有意思，我们和管理部门包括居民其实都已经成为一体了，达到对所有情况都了然的一种状态。虽然我们是在做历史文化街区的保护规划工作，但对各种情况，甚至是每一户隔壁家是什么情况，我们都非常了解。政府的管理部门也是非常耐心的，每家每户地去做工作，他们在街上有一个专门的办公室，每天都在处理这样的事情。因为每人每户都有自己的诉求：他想要怎么样，不想要怎么样；这条路不能从我门前过；或者是我们家需要有一个特殊的空间……这些都挺有意思的。但是当这些问题汇聚到我们建筑师手中，你如何综合地解决这个街区的问题，从而能够把这个历史文化街区的价值体现出来，并且传承下去，是我们要面临的更加重要的问题。这不是你在学校里面，或者图板上画几张图，然后按照这个图去修缮房屋这么简单的一件事。因此，我的理解是：历史、文化是一个无形的东西，但它们在表面上体现为一个物质载体；但你不能只从物质载体这个层面去做历史文化的保护工作，而先要去更深地理解它。

群岛 / 您在做这些实践的时候，有没有让您印象特别深刻的具体事例？

唐芃 / 有一个还挺有意思的，就是我在做凌霄亭这个项目时，设计很快就做完了，我希望原本基地边的凌霄花一定要保留。因为这个房子是在河边街上的入口处，这个地方给人的印象就是每次五月份去的时候，凌霄花开得特别旺盛，很好看。但凌霄花是攀爬在一个二层的危房上，那个危房正好堵在了入口处。对于这个危房肯定是要改造的，不能再住人了，但当时住在里面的是一对老夫妻，年纪也挺大了。其实我不希望这栋房子是一个住宅，如果是一个公共空间肯定是最好的，因为人们能够在这里休息一下，然后看到运河和对岸。但是老夫妻不想搬，又提出各种奇怪的条件，这些从我们做设计的人的角度是没有办法处理的。后来管理部门非常耐心地给他们做工作，前后大概有三四年的时间，我真是很佩服他们的耐心。

当然这个老太太态度也特别好，我们每次去基地测绘的时候，她都会拉着我们说好多各种各样的事情。如果她觉得管理部门最近对她很好，她就会夸他们；如果觉得不好了，她也会拉着我们诉苦。就这样一直持续了三四年，老夫妻终于同意搬到隔壁了，旁边的一个二层楼就相当于给他们置换了，并且帮他们把二层楼都装修好了。

他们搬完后，我们就开始了改造，改造过程中也很小心地保住了那株凌霄花。第二年房子修好以后，它还能够生根开花，这在施工过程中其实也是很艰难的。终于我们把这个凌霄亭建好后，周围的居民都可以在上面休息了，包括老太太养的一群猫，凌霄花和老太太以前种的一棵枇杷，都环绕着那个亭子。上一次在古南街开"丁蜀实践"学术论坛的时候，院士们、领导们和各位老师都去参观过。

路过老太太家的时候，她就拉着崔愷院士，她当然不知道谁是谁，但反正觉得崔院士肯定是领导，于是就拉着崔院士的手说，哎呀这个政府真的很好，很关心我们什么什么的……但我想前几年的过程中间，如果我们三方不协同工作，或者说不达到一个思想的共同高度，那这件事肯定是做不成的。在这个过程中间，建筑师能做的事情其实非常少。因此，我也觉得"丁蜀实践"之所以能够取得某种成功，其实是和管理层的思想高度有密切的关系的。

群岛 / 这一点您可以展开谈谈吗？

唐芃 / 在"十二五科技支撑计划"刚刚开始的时候，王建国老师就让我和沈旸老师两个人，带着镇上的这些干部去日本京都，特意到我原来做实践的那些地方例如清水寺去专门考察，去吸取一些国外的先进经验。去过看过之后，还和当地的政府部门座谈，因此认识到对于一个历史文化街区，它的保护和规划是不能急的，并且要舍得投入，无论是金钱的投入还是时间的投入。我想只有这样——首先在政府部门把思想统一在一个高度上——才能顺利地推进工作。

伍镇长他本身是学规划园林出身的，专业上他是懂的；另一方面他也非常了解，这种保护规划的过程要循序渐进，一定要有稳定和谐的局面，要和大家、和广大居民一起做工作才可行。他反复给丁蜀镇建设局的工作人员讲，要他们一定多向东南大学的老师学习，通过每一个项目来锻炼自己。丁蜀古南街的这些实践，如果说在全国有某种代表性，那么我觉得政府的视野、目标和管理是最重要、最有力的一个保障因素；而不是我们建筑师，或者东南大学团队做了什么样的工作，因为没有他们，我们的这些工作也不可能成功。

当时开"丁蜀实践"学术讨论会的时候，最后是伍镇长做了一些发言，在场的专家都觉得说得非常好。我觉得在丁蜀，或者说在中国，如果想要把这样的一件事情进行推广，希望达到一个示范效果，那么管理部门，或者说我们的业主，他们的思想高度是非常重要的。因为我们在其他的城市，也继续在做着保护这样的工作，也遇到蛮多的价值观和观念上的问题。就像王建国老师说的，丁蜀镇古南街的这种保护规划已经是我们国家历史文化街区保护规划的4.0版本了。我们既保留了物质载体，也保留了他们的生活，保留了他们原来的生活轨迹，在这里差不多75%的居民还是原来的老百姓。

当然我们也不能否认，丁蜀镇本身是一个比较富裕地区，它的国民生产总值本身是比较高的，能够支持不以旅游创收为目的保护开发，因此它不急功近利，真的是慢慢做，最终也成就了现在这样一个高度。

丁蜀是一个值得建筑师
深耕的地方
——张旭访谈

受访人｜张旭 东南大学建筑学院教师
旭可建筑主持建筑师 —————— 采访人｜群岛 ARCHIPELAGO

群岛／您设计了丁蜀的青龙山体育馆，还能回顾一下当时接到项目时的情景吗？

张旭／那应该是2015年年末2016年初的时候。我在东南大学教书，和唐芃老师是同事，当时唐老师为了丁蜀镇的项目已经忙了很多年了，唐老师把我引荐给了丁蜀镇政府，后来就参与了青龙山体育馆的项目。

群岛 / 当时到了现场有什么感受？

张旭　　当时去的时候是阴天，那个地方又是光秃秃的。场地中有一大片水面，据说那个水已经积了十几、二十年了，水深大概五六十米是有的。当时感觉就会挺惊讶的，因为它其实跟政府非常近。但是水是沉到地下的，平时从旁边的马路上过去，没太注意这个地方还有这么一个突兀的景观。去到那儿一看，就是感觉很不得了，反差非常大。再一个，这种岩石暴露和当地的江南这种比较温润的绿色状态的反差也很大。当时的场地的北边，也就是宜兴宜城的方向，没有现在你看到的高楼林立，当时只是东边有些高层，然后后面是零零星星的一点状态。所以说这个场地的延展感，包括有些苍凉，那个感觉是非常明显的，就觉得你这个场地不做不行。作为设计师来说，立刻就有那种感觉，这个地方不作点文章，太可惜了。因此，我就马上回来开始做设计研究。那时大概是在2016年1月份，春节前，就这么开始的。

群岛 / 您的设计主要有两个部分，体育馆和鱼亭，当时是怎么考虑两者间关系的？

张旭 / 青龙山公园是这两个建筑和一个山体最突出，形成了控制整个场域的一个关系。对我来说最重要的其实是这个亭子。我在做体育馆基地研究的时候，觉得这个地方要是有一个"对话"比较好，就是如何把一个人工化的自然代入到这个场地来。一方面，我们说这个场地足够的野，但是这个场地其实它是人工化的结果、工业化的结果。我当时就在想怎么去建立这种人工和自然的那种微妙关系。在这里有一个更大尺度上的人工之间的"对话"，它是把整个

场域的材料、空间感，包括时间感代入了进来，形成一个有张力的关系。因此并不是说体育馆自身的结构做得多夸张，或者有多夺人眼球，而是说你发现另一个点还有很精彩的东西，并且在这个场地内跨越了这个深潭，那边还有内容等待你。你需要游走，走到那边再发现另外一个新的东西，新的景观也好或者角度也好，这时你就会获得一个超越这个场地的整体的感受。

　　这个场地整个是洼下来的，体育馆的屋顶其实周边是可以让人走一圈的，如果你到了十米高度的时候，你再往下看，你才知道这不就是矿坑嘛，周围不就是丁蜀镇嘛。你就是需要一个高度，然后对周边的事才会了然。这种了然，就像在园林里或者是在中国的一个景色里面，你如果没有一个高处的视角，实际上对于周围来说，它是迷宫一样的。我是想在这里提供一个认识自己地方的机会。我当时在这个场地里要做一个建筑的时候，并不是说以后这个矿坑公园只变成一个主题，就是只回应矿坑，做个什么矿坑酒店，再怎么样玩这一件事。我是在想能不能通过一个建造活动或者一个建筑物能把这块地纳入到城市结构中去？怎么纳入到城市结构中去？因此，我首先是有聚落的一个意识，它不仅仅是一个单体的建筑，而是一种组合或者是聚落。

群岛／这里就有一个关于"公共性"的问题，对于这一点的需求，是在之前的任务书里有明确要求吗？

张旭／一开始的需求并没有那么明确，只是有一些基本的需求，比如这要有个篮球馆，有一个房间可以办展览，还有一些其他的功能等。然后我就一版一版地研究一个平面，包括跟场地的关系，拿给政府看。相当于我每次都做了一个方案，就着这个方案，他们会提意见，最后当一个方案没有什么意见的时候，它就成为了具体的任务书。实际上任务书和方案是同时推进的，这个过程也是研究的过程。

群岛／那这样一种甲乙方关系还是挺不一样的，您觉得这和以前那种商业项目的甲方有什么不一样吗？

张旭／我这个感触还是非常深的，一直觉得丁蜀这里是一个值得建筑师深耕下去的地方。首先我觉得，这和甲方跟它的土壤有关系。我的甲方是一个地级市的镇，他们对自己的辖区非常熟悉，很多事情都可以做得很细。再一个，作为宜兴人来说，性格和做事方式非常细腻。因此很多事情，他没有那么冒进或者好大喜功；他们很务实，就是由于这种务实，细腻，他们会未雨绸缪地计划一件事，这个还是蛮现代的一些思想。还有，他们没有那么官僚，我和甲方之间一直存在双方的参与和讨论，而不是一般的甲方直接给你指派

一个任务。他们会在我研究到一定程度时参与进来，提出他们的意见。同时，我也会对于这个项目跨出建筑学本身的范围，跟他们讨论一些城镇的事情。比如说这个建筑对于这个城镇的影响；或者一个街道旁边的建筑对街道有什么影响；一个公园的房子对公园有什么影响；一个街角的房子、村口的房子，对于从宜兴或者外地进入这个地方的人是一种什么印象——我们常常会跨出建筑本身讨论建筑问题。因此，他们也认识到我有时候会带着更宏观的思考来做设计，就会让我去做一些他们觉得适合我的公建项目的前期研究，但这不等于我做了前期研究，一定能拿到后面的设计权。

我以前在瑞士留学，会觉得国内环境和瑞士那里的差别有时不是在技术层面，而是在于建筑师和这个城市、城镇发展的这种关系。瑞士乡村的都市化程度非常高。因此，你去乡村旅游也好，你在乡村的超市购物，你在酒店的居住体验，它的服务，其实都是都市化的。我觉得在丁蜀镇能感觉到这种建筑师的介入和当地政府的关系，已经朝着当代的城市发展方向去思考，不仅仅是说需要一个房子这样的空间产品，或者某种功能的置放，它其实已经把这个空间产品和城市形象或者文化形象，以及文化输出这一系列整体架构放在一起去思考。在这一点上，我觉得是在丁蜀镇做事情能够有更大贡献和成就感的原因。就是我面对的设计任务不管规模多小，哪怕只有两三千平米，都会让我感觉到它已经超越了单体建筑的功能，跨越了建筑本身的范畴，而作为"城市建筑"起到对整个城镇发展的促进作用。

群岛 / 那在您的设计里，是如何考虑"在地性"的？
张旭 / 在中国当下，我们经常说"千城一面"，其实这个时代就是所谓的"同质性"非常强。但当我们谈到"在地性"也好，谈到"当地"也好，我有时候并不认为这就意味着当地的手工业，也不见得就是指当地能保留下来的那么一点特殊性，而是在于怎样在当下中国的整体框架下去发展你所认为的"当地"。比如说最早青龙山是出产水泥的，但这个品牌已经没有了，青龙山也不再被开采。但当我们在这个项目用清水混凝土的时候，你不用苛求它一定是我先挖点这边的石头，再炼水泥来盖房子，其实它跟这个场地本身已经能够起到一种材料方面的协调。

群岛 / 可能有些中国的甲方，在做这些房子的时候，会有各种各样比较复杂的心理需求，一方面希望形式可能很当代，但另一方面又希望在材料或某种细节上能表达他们本地的符号或者特色。在丁蜀做设计时，遇到过这方面的一些要求吗？
张旭 / 首先，我自己构思一个设计的时候，在与非专业的人或者甲方沟通的时候，这之间的表达有时并不会完全一致。就拿青龙山体育馆的材料来说，用了清水混凝土和陶板，我想一般人可能会觉得这对应了青龙山出产的水泥和当地生产的陶或者紫砂这两个事情。而我看到青龙山东边是黄龙山，青龙山和黄龙山的地质结构就是青龙山的石灰石层叠压在黄龙山红褐色的陶土矿脉上。除了材料间的简单对应，我其实想的还是一个城市问题和空间问题，如何用材料产生冲突，然后让人在这个空间里感觉这不是一个单纯的房子，而实际是在城市缝隙中游走的一个状态。但这个事我没有跟甲方过多地去讨论，因为我觉得这个对他们来宣传，或者说和老百姓解释也不太重要。当然房子落成之后，政府也没有去宣传说房子这里用的是我们的陶，那里用的是我们的水泥，老百姓还是很快地接受了，虽然不一定认为有多美，但整个青龙山公园还是大家喜闻乐见的。

群岛／那说明无论是政府层面还是老百姓层面，丁蜀这里的人们对文化的理解和接受度是挺高的是吧？

张旭／是，比如说伍镇长，他的观点和想法还是很鲜明的。虽然我们去做设计，但并不是说只要我认可你这个人，你做什么都行。我觉得他们对于设计的理解和敏感度是非常高的。一开始不会给你什么框框，好处就是他没有先入为主的倾向，或者先告诉你该做什么或者我想要什么，然后你去做。那个时候对设计师来说肯定是不舒服的，或者创作会被限制住，往往设计就会陷入到揣摩领导的喜好。而在丁蜀做设计的好处就是在你有了初步方案之后，大家一起讨论，再形成有针对性的意见。通过长期在丁蜀的实践以后，我们当然建立了信任度，以至于有了这个信任度和他认可我对丁蜀的理解以后，会给我们建筑师的设计提供更大的空间。即使有一些点他可能并不完全赞成，但还是让我这样做了。我想每一个设计师其实总归有自己的立场，或者说除了立场之外，有一个设计的习惯，或

者说处理问题的方式。因此在这一点上，能够给设计师留有足够的
创作空间，这给丁蜀带来的不仅是几个建筑作品，在我看来，是给
丁蜀增加了多元丰富的光谱。他能够跟这么多不同类型、不同想法、
不同视角的设计师去沟通合作，我觉得这是他的领导魅力所在。

群岛 / 那您对丁蜀这个地方还有什么样的一些感受？
张旭 / 非常悠闲。这里因为有大量的人在做陶。他们做陶的人的
作息是什么呢？是接近中午起床，下午开始喝喝茶、聊聊天，晚上
干活，因为夜深人静，然后做到两三点钟他们会有夜宵，一堆人又
出来吃了，然后快凌晨就睡觉，一上午就是睡觉。他们是这么一个
状态，跟城里的打工人也不是一个节奏。因此，它形成了一点，就
是民间的这种悠闲，或者自得其乐，反过来这种生活方式也成为做
陶或者紫砂的土壤。

从产业维度出发的
再生规划
——沈旸、金戈访谈

受访人 | 沈旸 ^{东南大学建筑}

受访人 | 沈旸 东南大学建筑学院副教授　金戈 水石设计七部总经理 ———— 采访人 | 董怡嘉 水石城市再生中心总监

董怡嘉 / 沈旸教授，水石设计与您合作，前后完成了对丁蜀镇核心区三片区域的城市设计。请问您作为丁蜀镇城市更新的顾问，是如何评价城市设计对于历史城镇再生的作用的？

沈旸 / 丁蜀镇再生的挑战在于如何将支离破碎的历史遗产串联起来，以适度开发的方式，去平衡历史资源的保护与现代城市的发展。丁蜀镇隶属于宜兴这座中国规模最小的历史文化名城。丁蜀镇再生前的状态与很多当下的历史名镇类似，因其在过去几十年中缺乏保护性的使用与改建而造成空间及产业上的分散。因此，我们在思考城市再生的过程中，重点是要判断如何把这些分散的要素进行串联，其中包括对空间创伤的修复和对重要节点的串联。这个工作并非仅靠独立的建筑改造项目就可以完成，而是需要从整体空间构架与功能组合等多个层面统筹解决。对于丁蜀镇来说，抓住既有产业链的发展比抓住一些具体的物质形态遗产更为重要。在担任这个项目顾问的时候，在推进丁蜀镇再生的过程中，我一直强调丁蜀未来的发展必须体现对紫砂产业资源的整合。丁蜀镇与紫砂相关的场地尤其多，建设的时间线也很长，由此，城市设计需要基于对历史上所有资源的现状的梳理，才能找到适宜的开发方式。譬如说，对古南街的小作坊要以保护为主，对几十年前所建的紫砂厂可以进行场景保护下的功能置换，而对几处大的矿坑则应考虑在环境修复的基础上作为当地文化的宣传场地。这些内容相互结合，才能保护与延续一个紫砂老镇的内在活力。因此从整体空间与产业发展的角度思考，用城市设计的框架去引领历史城区的再生是很有必要的。

董怡嘉 / 请问您如何评价水石的城市设计成果对丁蜀镇城市再生所发挥的具体作用？

沈旸 / 历史文化城区的城市再生本身就是一个开放式的变化过程，它的实现需要基于整体的统筹去支持循序渐进式的多元型再生。从丁蜀镇的实践来看，与城市更新相关的具体项目数量繁多，参与者也不计其数，但大部分项目都遵循了城市设计框架所设定的空间与功能联系原则。这是城市设计工作最重要的作用，把不同的演奏者协调到同一个旋律上来。这个过程虽然在成果的呈现上需要等待一段时间，但这段等待所换来的是更可持续的发展潜力。

董怡嘉 / 水石团队在参与丁蜀镇再生的过程中提出了"渐进式更新"的思路，能请您解释下其中的内涵吗？

金戈 / 在水石设计介入丁蜀镇城市再生前，当地已经有了一些零星的建筑改造项目，但还没有在城市尺度上形成系统，政府对再生模式也在研究与探索的过程中。在这种状况下，水石设计的方案提出了"渐进式更新"的策略，希望通过逐步发展的方式，针对不同片区的现状情况提出因地制宜的弹性规划这种推进思路。打造一个"灵活"的动态操作体系，基于"再生需求"来营造场所空间，这是在充分考虑丁蜀镇城市现状的基础上提出的。对于丁蜀镇这样一个尺度的城市来说，很难有一个"自上而下"的规划去实施整体搬迁、或改变大片区域的城市功能。因此，我们的方案提倡了一种活化的再生方式，通过选择一些示范点，有意识地引导和改造，再由这些点去带动周边的自发改造。这是一种更接地气的、围绕既有资源发展的，也更适合丁蜀镇的再生模式。

董怡嘉 / 能请您具体介绍一下水石所参与的三个片区的城市设计之间的关系吗？

金戈 / 好的。水石首先参与的是蜀山片区的城市再生设计，这一片区也是丁蜀紫砂的起源地。我们与当地政府一起对蜀山的历史与现状特征做了研究，把因缺少保护而空置的紫砂矿和古南街这两个历史元素作为这片区域文化价值打造的核心主体，在保护既有城市

肌理的基础上，把建筑、交通路网、水系河道几种现代城市功能要素叠加其上。在完成蜀山片区的城市设计后，我们继续梳理了沿青龙河两岸的城市构架与用地功能关系。这条约3000米长的线性城市空间带串联起诸多未来政府拟出让的地块以及丁蜀镇政府所在地，它还包括我们改造的新时代文明中心。在青龙河沿线，约有500亩左右的土地未来将挂牌出让。为了配合这一目标，城市设计方案做了导则性的梳理，基于城市公共空间的骨架对地块性质、开发强度等做了引导。2019年，水石又开始了结合黄龙山片区的空间整合规划设计，这个设计主要通过将黄龙山矿坑遗址改造成为一个联系周边城市片区的公园而展开。

我们在这几个设计项目中，创造了两条具有丁蜀镇特色的空间线索"一山"与"一水"来串联不同片区。"一山"包括了蜀山、台山、黄龙山、青龙山以及宝山。这些山脉连绵不绝，形成了一条廊道。"一水"则包括了蠡河、白宕河和画溪河。我们希望未来的丁蜀镇可以围绕这两条城市公共空间的轴线发展，形成"山水相依、人陶共生"的城市格局。我们也是希望通过建立与健全丁蜀的城市发展结构，帮助一个城市找回其尊严和自信。

董怡嘉 / 在城市设计阶段，您是如何考虑丁蜀的再生模式与空间发展结合的？

金戈 / 丁蜀镇城市设计的成果是设计团队与镇政府共同探讨思考的结果。在这个成果中，我们引用了深圳市规划院对历史文化城区再生的几条原则：一是"精细盘点，全面挖掘价值增量"，我们会对现状建筑及其产权进行系统性梳理，制定不同的再生策略，充分挖掘资源价值。二是"固本培新，多维推动产业转型"，在延续紫砂产业活力的基础上，我们建议进行产业升级拓展，搭建健康合理的产业生态体系。三是"穿针引线，细致缝补空间碎片"，对待开发地块与拆迁地块，进行合理的规划设计，以完善城市文脉及建筑肌理。四是"星火燎原，动态引导功能生长"，我们希望重点打造关键的城市空间节点，动线串联，激发片区城市活力。五是"紫砂为魂，塑造城市文化品牌"。

　　以上这五点思路以城市运营的思维方式对空间进行串联，通过体系化梳理、弹性化实施，为一个历史文化的城区构建多面立体的发展构架。与此同时，培养城市再生的全方面能力，需要在操作过程中有自信有方法。我们也非常赞赏丁蜀镇政府用"先小步再大步""小步快、大步稳"的心态，因时度势地推进再生发展这一工作思路。

董怡嘉 / 请问在您的设计中对丁蜀镇紫砂产业资源的活化利用是如何考虑的？

金戈 / 在丁蜀镇，紫砂不应该只作为生产性的单一产业，我们思考的是将紫砂变成城区核心的文化和生活方式。在历史风貌区，如果只保留封闭式的作坊是不够的。我们建议丁蜀镇政府选择一些点，作为城市历史与紫砂文化的宣传场地和城市服务设施，这些点在设计上会侧重城市再生理念的引导与宣传，然后再由这些点去带动其周边的自发改造。古南街的更新就是以政府引导形成的"自下而上"的提升过程，随着几处公共展示场地的建成，越来越多街上的作坊也开始谋划自身的未来。于是有人在做紫砂的基础上开起了茶馆、有的开了餐馆。现在你去看，古南街已经不再是仅仅卖紫砂的一条街，而是集合了餐饮、民宿等相关产业。

此外，并非所有历史上的紫砂产业开发都是对现代城市有积极影响的，尤其是一些开矿的场地。以现代的价值观来看，它们破坏了自然平衡，是需要进行环境修复的。以黄龙山为例，这里曾被作为紫砂原矿的重要开采地，山体表层受到严重的破坏，在开矿受到法律禁止后，它成为城市中的一块飞地。在再生规划中，我们将黄龙山重新定位为市民公园，利用新的植栽规划逐步改善山体的生态表层，而把开矿形成的碧绿水池以及池边带有矿坑特点的岩石肌理保留下来作为公园独特的风景。与黄龙山相望的历史上的青龙山水泥厂也被改造成一座公园。这两座市民公园将会成为现代丁蜀人生活中的两个重要节点，饱含着对丁蜀历史的叙述，又吸引与连接着城市新的活力。

附录

陶式生活

生活

游览地图

蜀山古南街

通蜀路

蜀山

西街 蜀山桥

常安桥

南街

入口广场

东坡路

01 通蜀路茶室   05 常安桥   09 同业工会
02 凌霄亭   06 曼生廊   10 蜀山展示馆
03 水龙宫   07 得义楼茶馆   11 游客中心（张家老宅）
04 西街   08 老井茶室

陶式生活 目的地 →

→蜀山古南街

紫砂源泉，大师摇篮
古南街的一砖一瓦
一草一木
一涟漪一浮萍
诉说着紫砂是谁人所作

→蜀山·陶集

原创手作、别样紫砂
网红小物、限定美食
陶艺文创市集登陆
蜀山古南街
老街新生，每周日开放

→莲花荡

丁蜀是陶都明珠
莲花荡则是丁蜀的明珠
镶嵌于宜南山区与
陶业热土之间
闹市之中的水乡田园

→新时代文化服务中心

新文化中心
集丁蜀传统及
现代文化生活为一体
艺术展、咖啡、图书馆
值得您驻足停留、放松休憩

→太湖绿道

湖岸慢行，水畔踏歌
健身、休闲好去处

龙窑将给你答案

泌女何于华关陶

→东坡书院

苏东坡曾在此
买田筑室于蜀山南麓
拟终老阳羡

紫砂艺廊林立

大师艺术馆

→青龙山公园

曾经的矿坑遗址
如今的生态公园

→中国宜兴陶瓷博物馆

国内著名的以陶瓷为主题
宜兴历史最悠久、
首座「国字号」博物馆

生产性保护示范基地

→中国陶都陶瓷城

以紫砂陶、日用陶、工艺陶、
化工陶为核心
国内最大的陶瓷商贸城

→前墅龙窑

古代窑工陶人精巧技艺
600年窑火生生不息

→通蜀路

位于蜀山之北
通蜀路人称大师路

→中超利永紫砂陶博物馆

以紫砂陶为其特色
始于1913年的民国利永

→谈青窑艺

江苏省非物质文化遗产
源于三千多年青瓷制作史

照片版权信息

本书中以下文章原载于《建筑学报》2021.05期，有部分删减：

《生活是一条河——宜兴丁蜀古南街保护二十年思考》

《丁蜀圆桌论坛——研讨：丁蜀实践20年》

图书在版编目（ＣＩＰ）数据

陶都新生 : 宜兴丁蜀城市更新实践 / 群岛
ARCHIPELAGO 编著 . -- 上海 : 东华大学出版社 , 2023.4
　ISBN 978-7-5669-2207-6

　Ⅰ . ①陶... Ⅱ . ①群... Ⅲ . ①小城镇－城市建设－研
究－宜兴 Ⅳ . ① F299.275.35

中国国家版本馆 CIP 数据核字 (2023) 第 062255 号

陶都新生
宜兴丁蜀城市更新实践
群岛 ARCHIPELAGO 编著

出品：群岛 ARCHIPELAGO
联合出品：波莫什
平面设计：黄莹
特邀编辑：群岛 ARCHIPELAGO
责任编辑：高路路
版次：2023 年 4 月第 1 版
印次：2023 年 4 月第 1 次印刷
印刷：上海盛通时代印刷有限公司
开本：787mm×1092mm，1/16
印张：17.75
字数：445 千字
ISBN：978-7-5669-2207-6
定价：168.00 元
出版发行：东华大学出版社
地址：上海市延安西路 1882 号
邮政编码：200051
出版社网址：dhupress.dhu.edu.cn
天猫旗舰店：http://dhdx.tmall.com
营销中心：021-62193056 62373056 62379558

群岛 ARCHIPELAGO 是
专注于城市、建筑、设计
领域的出版传媒平台，由
群岛 ARCHIPELAGO 策
划、出版的图书曾荣获德
国 DAM 年度最佳建筑图
书奖、政府出版奖、中国
最美的书等众多奖项；曾
受邀参加中日韩"书筑"
展、纽约建筑书展（群岛
ARCHIPELAGO 策 划、
出版的三种图书入选为
"过去35年中全球最重要
的建筑专业出版物"）等
国际展览。

群岛 ARCHIPELAGO
包含出版、新媒体与
群岛 BOOKS 书店。
archipelago.net.cn